石井 克

表現と自立

描くなかで育つ子どもたち

一茎書房

カバー絵　安孫子嘉人
「おおきなかぶ」
本扉絵　天沼高義
「はやとうり」

表現者として子どもを育てる

鈴木五郎

はじめに

ここに十四人の子どもが登場する。先ずこの子どもたち一人ひとりの作品に目を通して欲しい。これらの作品は自由でオリジナルで個性的である。絵らしく絵をつくってはいない。率直で生き生きと明るく緊張感があふれている。子どもの心臓の鼓動を感じ、そして、更に知的なものを感じる。題材も豊富で変化に富んでいる。石井さんの肖像、自画像、身の回りにある事物や自然物、ものがたりを主題にしたもの、魚や動物なども登場している。また、抽象画を思わせる線かきなど内面的な心象表現もある。どうしてこのような作品をつくりだすことができるのだろうか、と誰しもが思うことだろう。

この子どもたちは、群馬県桐生市にある養護学校で石井さんから、美術教育を受けて育った子どもたちで、年齢も十三歳から十八歳、成年に達している人もいる。

石井さんがここに十四人の子どもを選んだのは彼の美術教育思想や方法が典型として凝縮されているからである。それぞれが異なった家族環境、心身の発達、障害の状況、性格、ものごとの価値判断などさまざまな困難や障害を乗り越えて、一人ひとりがたしかな表現を獲得するまでの過程が詳細に記録されている。

石井さんは、いま学校教育が見失っている人間の生きがいとしての、生の衝動としての表現が、いかに重要であるか一石を投じようとしている。

石井克さんの美術教育の特質

石井さんは教師であり画家である。また、画家であって教師である。石井さんには教師と画家との境界線はない。教師であることの生きがいによって、画家としての生彩を生み出すことができる。それは子どもの生の衝動としての表現を生み出すことの喜びが、自己の創造的表現の原動力となっているからである。

画家としての目は子どもの心の動きと表現との微妙な関連を見抜いて、子どもへの働きかけをする。

その子どもに見合った材料の選択、題材とのかかわりを暗示し、あるときは自分で実際やって見せ技法を示す。石井さんにとって教育の仕事も芸術の仕事も、人間の真実を追求する喜びであることに変わりはない。

生活と表現、そのかかわり

石井さんは一人ひとりの子どもの生活の動向を丹念に見極めながら美術教育をすすめる。

表現と生活とは一つのものとして石井さんはとらえている。生活のあり方が変わると表現のあり方に変化が生じる。また、表現の内容の質が変わることによって生活のあり方が変わってくる。

一人ひとりの個別的な生活は多様で把握することが容易なことではなかっただろう、と思う。だが、一人ひとりの表現におけるリアリティとその根拠を突きとめ、そこに子どもと石井さんとの共感と共生がつくりだされる。石井さんが子どもの生活に求めたものは、生活とのかかわりにおいて自己の判断や選択のできる自立への道のりであった。生活の根拠に基づかない表現は、リアリティがなく形式化してしまう。

石井さんは自己の表現の根拠を現実生活とのかかわりにおいて、達成することを貫いて今日に至っている。日本の近代美術の導入には、生活現実とのかかわりの発想がなく、技法や形式だけが先行してきたことに対する批判が、石井さんの美術教育における思想と方法に現れている。

表現と自立その道のり

石井さんには障害者と健常者との区別はない。全て表現者として向き合っている。子どもたちは表現の過程で一人だけの世界を経験する。

それは自己のことばであり、自己の目でとらえたものであり、自己の選択した形や、色であり、また自己の身体の感覚をとおした極めて個別的な判断によって達成される。

つまり、他者からの干渉によって表現することはできない。自己が自己に命令する。それは表現者であることの歩みのかたちであるが、子どもは表現の過程で一瞬、孤独感におそわれる。その孤独感に堪えられず、自己を投げ出してしまうことも多い。そうした孤独感を支え、励ますのが教師の役割である。

子ども一人ひとりにはそれぞれの特質や受容能力が異なる。従って石井さんの対応としての働きかけもさまざまである。あるときは不用意にも引いた一本の線に共感を示す。また、こぼれ落ちたえのぐが画面にはじけた、その色の美しさに共感する。そうした石井さんが示した反応に子どもは驚きながら表現への手応えを体験する。石井さんとの共感による反応が子どもの孤独感を支え自信を持たせる。こうした石井さんの共感と反応のあり方は一人ひとりの子どもを知らなければ示すことができない。第三者には介入できないところである。

このような表現の過程の積み重ねによって次第に子どもたちの表現が、たしかなものに成長する。石井さんは子どもの表現した作品に小さな部分に思いがけないようなリアリティを見つけ出す。それはその子どもがもっとも集中した部分、その部分にその子どもにとってオリジナルな表現であることを見つけ出し、その子どものリアリティとして共感する。

表現におけるリアリティは石井さんと子どもによって成立し、創造されるということである。ここに石井さんの美術教育の思想と方法の本質がかくされている。表現におけるリアリティは、はじめから存在していたのではなく、発見し創造されるものである。そのことによって子どもは自己の内部を見つめることができるようになり、自己を見つめるきっかけを持つことによって、他人の内部におけるリアリティを共有できるようになる。つまり、他者の表現に目をむけるようになるということである。

表現と作品との相克

石井さんは子どもに作品をつくらせることをしない。表現と作品とは同義語で作品は表現の結果である。表現は作品の成立がなければ表現にはならない。

子どもたちは表現の過程で迷ったり、ためらったり、心が揺れ動く、その揺れ動きが生の衝動なのだ。その揺れこそが重要なのだ。そして結果として作品になり得るということである。

学校教育の中で作品の提出日を決めたりすることが多い。その提出が遅れたら減点する。提出の遅れた子どもに対して、何を表現したかったかといった問いかけがない。作品だけの完成だけが要求されているのが現状である。従って作品が形式化し生彩を失ってしまっている。

石井さんは、子どもたちの表現の根拠を求めているのである。

最後に本書は石井克さんの美術教育の思想と方法の究極の課題である。自立の精神がなければ表現は成立しない。表現は表現者の価値観に基づいて選択と判断によって成立する。それは教育という高い質の営みによって達成されることを本書は私たちに訴えている。

（跡見女子大学名誉教授）

〈目 次〉

鈴木浩司

心のとびらを開く

この出会いにより、私は今まで教えてやるという意識ばかりが強かったのが、子どもの中から発見するということを謙虚に学べるようになった。

(一) 浩司との出会い

養護学校の教師になって七年目、浩司は中学部一年生に入学して来た。初めて出会った自閉症の生徒である。固執、常同行動、多動、神経症、対人関係が持てない。浩司は母親に連れられてやって来た。色白の端正な顔で、学生服をきちんと着ていた。「自閉の子だよ」と聞いていたので、浩司のしぐさをよく見ていた。浩司は座っている時も、立っている時も、たえず手の指先を細かく動かし、きょろきょろしている。

しかし身体は動かさずきちんとしていた。式の中で「――浩司君」と名前を呼ばれると、「ハイッ」と少し甲高い声だが、やさしさに溢れているような声で返事をした。教室に入り「名前は」と聞くと「――浩司です」と、もじもじしながら微かな声で返事をした。名前の他はなにも答えず、ただにこにこしているだけであった。私は、「このくらいならたいしたことはない、楽しくやっていれば心配ないだろう」と思った。

しかし二日も過ぎると、なんでもないのにゲラゲラ笑い出したり、たえずきょろきょろしているし、目は合わせないし、トイレに行く時も、もじもじしていて声をかけなければ行かない。ズボンやトレシャツのチャックをたえず上げたり下げたりしていた。会話はなく「今日は何曜日ですか」と聞くと、「今日は何曜日ですか」と答える、いわゆるオウム返しだった。人の話は聞いているのかいないのか、よくわからないような様子だった。家の垣根のまさきの葉を茶筒に一ぱい取り、鞄の底に敷きつめて学校に持って来て、帰りに学校の裏を流れている桐生川に流す。流し終わるとすごい勢いで下流の橋まで走り、橋の下から葉っぱの流れていく様子を見ていた。

家では母親に乱暴したり、学校では少しでも目を離すとあらゆる部屋に入り込んだり、テラスに行ったり、とにかく多動であった。

石をたくさん集めて、その上にぼんやりと腰を降ろしていたり、白いビニールテープを柱の所に巻き付けたりしていた。母親の姿を見ると、パタンパタンと跳びはねて怒り乱暴する。母親が家にいなければ機嫌よくにこにこしていた。なんとしてもよく理解できないことが数多くあった。

障害児の問題を語るサークルの仲間や母親、学部の先生方と相談して、「まず細かい行動にこだわらない、興味を持ったものには集中させる、たとえ多少困るようなことでも、命にさしつかえない限り十分やらせる。体力をつけ肉体的にも強くさせる」等々を頭において接することにした。とにかく気長に取り組んでみよう、取り組む中からいろいろわかっていくだろうと考えた。

(二) 母親の記録

浩司は昭和三十八年十二月五日、仮死状態で生まれました。酸素吸入であやうく助かりました。体重は三、四〇〇グラム、その後は順調に成長し、あやすとよく笑う子でした。

一年目のころ、ひどい下痢を起こし、すっかり衰弱してしまいました。この間も高熱を出したり、ひきつけを起こしたり、三ヶ月もかかってやっと下痢もおさまりました。

歩き初めは一年三カ月、初語は一年四カ月で、バー(おばあさん)などと言ったが、そのうちほとんど言葉を言わなくなり、「うーむ」「やーん」「あっち」くらいになってしまいました。「おくてでしょう。そのうちしゃべるようになりますよ」と周りの人たちに言われ、そのまま過ごしていました。しかし「浩ちゃん、浩ちゃん」と呼んでも振り向かず、視線が合いませんでした。終始自分勝手に動き回ってばかりいて、問いかけても全く対応しません。周囲の人には少しも関心を示さず、無視しているといったふうです。母親の私にも他人のような態度でした。

遊びといえば、ドアやふすまの開け閉め、近くの小川に石を投げることなど、それも繰り返し繰り返し飽きることなく何時間もやっているのです。廊下のキズを見つけて指さし、「きず、きず」と言わせたり、戸開きのちょうつがいを片端から指さして言わせたり、絵本の同じところを何回も読まされました。おもちゃ遊びはほとんどせず、小さいおもちゃを握らせても、ぽんと投げるだけでした。

夜泣きが始まったのもこのころからでした。毎晩だいたい同じ時刻に目を覚まし、大声でギャーギャー泣き叫ぶのです。抱いてもおぶっても泣きやまず、真夜中、外でおんぶして寝かせることもしばしばです。

二歳半ころは童謡のレコードを聞くことに興味をもち、毎日かけさせ、熱心に聞いているので何十枚と買い与え聞かせたものです。たくさんの童謡の詞と曲もすっかり覚え口ずさむようになったので、歌を通して言葉が出てこないものかと一緒に歌ってやりました。どの歌もうっかりまちがえて歌うと、「うーん」と言ってストップをかけ歌い直しをさせられました。正しく歌うと満足しました。

三歳になってすぐ群大病院で診察を受けましたが、脳波とも異常はありませんでした。週一回の遊戯療法を始めてしばらく様子を見た結果、自閉症と言われ、たいへんなショックを受けました。この病気とどう取り組んでいくか責任の重さをずっしりと感じました。対人関係をよくするために先ずできるだけ甘えさせ、相手になって遊んでやること、よいものに興味をもった時は、伸ばせるだけ伸ばしてやることを指導されました。

異常行動がだんだん目立ち、病院の行き帰り色々なことがありました。目を離したすきにどこへでも行ってしまうし、予定を急に変更したり、長時間待たされたりすると我慢できませんでした。状況が変わると不安で、いたたまれないようでした。バスの中では、いつのまにか自分の座る席を決めていて、そこが空いていないものなら人を掻き分けても座ろうとしますし、果たせなければところかまわず暴れだし、やさしく言い聞かせようと強く叱ろうと何のききめもなく、静めようがありませんでした。

動物園や遊園地に連れて行くのですが、何一つ興味を覚えるものはなく、ブランコや飛行機に乗るより石を投げている方が面白いようでした。

三歳から文字に興味をもち、五歳ころまで文字のおもちゃでよく遊びました。最初ひらがなを覚え、それからカレンダーで数字を覚え、次にカタカナを覚えました。興味をもったものはいとも簡単に覚えていきました。部屋に「あいうえお表」を作って貼ってやると、気に入り、毎日大声で横に読んだり縦に読んだり、右から左から、あらゆる順序で暗記しました。この時の発音はとてもはっきりしていました。

色々な形の積み木を二〇〜三〇個、一つずつ丁寧に横に一直線に並べ、絵本は一冊ずつ角をそろえて何冊も積み重ねたりしました。これらの順序は決して狂うことはありません。また何回やっても全く同じ形に並べました。

水遊びもよくやりました。濡れた手で壁をこすったり、敷居に流し込んだり、繰り返し繰り返しするので台所は水びたしになってしまいました。庭もホースやじょうろやバケツで根気よく撒いているので土は掘れ、一時も乾く時がありませんでした。

その他物事の順序に異常にこだわり、朝晩の雨戸の開け閉め、寝具類の出し入れ、夕方各室の電燈つけ、これが各々全部自分なりの順序を決めてしまい、このうち一つでも乱れたらものすごい癇癪を起こしました。

それからテレビを嫌い、誰が見ていても嫌がって消してしまいます。二年間くらい家ではテレビを見ることができませんでした。

よく物を投げました。大好きな文字のおもちゃで遊んでいたかと思うと、それを急に庭に投げてしまい、「ない」「ない」と言って大騒ぎをし、見つけさせます。草の中は捜すのが大変だからと言い聞かせても、見つけるのが面白いらしく「もうしない」と言いながらこれを繰り返しました。家中が浩司に振り回され本当に疲れました。一家団らんは望めませんでした。

ボール投げにも興味を持ち随分やりました。ボールを当てて歩きます。だんだん上手になると柱の角に当てたり、柱につき出ている釘の頭に当てたりして遊びました。このころから、読むことから書くことにだんだん変わりました。フエルトペンで何か書くようになり、それは奇妙な形を紙面いっぱいに模様のようにたくさん書きました。アルファベット、ひらがななどを書き続けました。特にアルファベットはざら紙に何十枚も書きました。暗記しているので、終わりからもどんどん書けました。言葉は僅かずつ増えていましたが、オーム返しが多く独特のアクセントで感情のないロボットのようでした。

五歳のころが一番気むずかしく扱いにくい時期でした。怒りっぽく動作も荒く物を投げたり倒したりが頻繁で、建具や家具類は傷や落書きだらけ、ガラスも何枚割ったか数えきれないくらいでした。

六歳になり、入学が近づきました。普通であれば待ちに待ったうれしい入学通知でしょうが、受けとった時には、ついにくるものがきてしまったという気持ちで何とも言いようのない悲しさでした。そのころは放浪癖があり、どんな寒い日でも手や顔を真っ赤にして一日中外を歩き廻り家に落ち着くことがありませんでした。家に戻るのは食事の時くらい、時刻は知っているらしく、ちゃんと正午には戻って来ました。食べ終わるとまたすぐ飛び出してしまいます。五百メートル、七百メートルと遠くへ足をのばし、捜し歩くと石を投げていることもありましたが、たいていは電柱の側にいました。電柱に近づいてみたり、離れてみたり、方向を変えたりして上の方を不思議そうにいつまでも見ていました。

高い屋根の端を平気で歩いたり、ブロックの塀の上を歩いたりしたのもこのころです。外に飛び出したことが分かるように出入口に全部鈴を付けましたが、足も速く、一日中とても追いかけきれるものではありません。こんな状態でしたから入学は断念しておりました。

ところが、入学させてみてはと病院から勧められ、地区の特殊学級に入れていただきました。四～五人のクラスの中でしたが家庭とは全く違った環境の中で、珍しさもあって喜んで行きました。クラスの子ども達と行動が共にでき、今まで家庭でどうしても治せなかった奇癖奇習も先生のご指導で治していただきました。家庭でもテレビがかけられるようになりましたし、給食のおかげでひどい偏食もだんだん治りました。簡単なたし算ができたり、絵もたくさん書き、なにを描いたか分かるような絵になりました。字も上手に書け、学年でも上位でした。学校は勉強するところで自分の自由にはならないところとはっきり区別していたらしく、先生の言われることはよく聞き、あらゆる面で進歩し、大転換期でした。入学させてこんなよい結果を招くとは想像できませんでした。このような子どもにとって学校は教育と治療を兼ねたすばらしいところだと思いました。

二年生になって簡単な衣服の着脱・洗顔・歯みがき・排尿便の始末が自立しました。漢字もたくさん覚え、かけ算九九もすっかり覚えました。この分だと普通の子どもに治ってしまうかと思えるほどでした。

しかし予想以上の成長に明るい希望をもったのもつかの間、二年生後半から困った問題も多くなり、特に三、四年生ころは横ばい状態で遅れが目立ってきました。毎年のように夏になると繰り返すのですが、犬や昆虫を見ては暴れ出すのです。また私の姿を見ると暴れ出す時期もありました。荒れ狂うといった状態でまさに狂人です。私は逃げ回って姿を隠すより他に方法がありませんでした。父親の居る時は乱暴しませんでした。

学校は同じ教室で同じクラスメートで、何年生になったかはっきりしないマンネリズムかもしれないと思い、五、六年生は普通学級へ入れてもらいました。初めは授業中外へ跳び出しましたが、次第に落ち着くようになり板書をノートすることができるようになりました。家でかけ算、わり算、そろばん、漢字、ソプラノ笛などほんの少しずつ教えました。ソプラノ笛は上達し、音楽の時間はクラスの子ども達と一緒に合奏ができました。

このころからイメージが変わり、幼いころのあの素早い移動性はすっかり陰を潜め、動作は鈍く、動かなくなりました。今まで見られなかった笑顔も多くなりました。先生もクラスの子ども達も協力してくれてよい方向へ向かっていったのですが、六年から母親を嫌い、見かけると奇声を出したり乱暴したりしました。今までは直接人間には乱暴しなかったのですが、私を見ると蹴ったり、髪の毛を毟ったりして、逃げればどこまでも追いかけてきました。体も大きく力もあり、あちこちにアザをつくる毎日でした。恐ろしく気の遠くなる毎日が続きました……。

(三) 絵を描き始めたころの浩司

固執傾向、常同行動、対人関係、多動性、神経症状などがあったが、学級の中ではなんとか同一行動がとれていた。体育準備室へ行ってしまった浩司を、小学校の時からよく知っている義明が迎えに行ったり、私が迎えに行ったり、時にはみんなで迎えに行き、「浩ちゃんおいで」と言うとすぐに来た。トランポリンではだれよりも高く跳べ、体育室の窓にボールをくぐらせるのは浩司以外にはできない。浩司はいわば英雄だった。

また、帰りに忘れずに窓を閉めるなど、浩司の良いところを見つけてできる限り褒めた。そうするとゲラゲラ笑うが、笑い方が不自然でうれしいのかうれしくないのかわからなかった。

クラスの仲間も学部の仲間もいつしかみんなが、浩司のことを特別だと思うようになっていった。ところが浩司はいろいろなことができるのにチャックの上げ下げ、ゲラゲラ笑い、たえずキョロキョロしていることをなぜ怒らないのかと信司が言い出した。つぎつぎに他の子たちも言い出した。職員室でも「石井さんはもう少しきちんとしなければ駄目だよ」などと言われた。

しかし私は浩司に何度か注意したが、見ていると言葉が伝わっていないようなので、やりたいだけやらせるより仕方ないと思っていた。

書写はきれいに書き、二、三年生くらいの漢字は読めるが、読むだけで意味がわからない。数字も九九や繰り上がりのあるたし算はよくできても意味はわからない。「みかん三個にリンゴ三個合わせていくつ」というような簡単な文章問題もできない。もちろん実際に買い物をすることもできない、ということがわかってきた。

（四）初めての絵

母親に絵を見せてもらったが、小学校一年生のころまでの絵は、なんだかわからない文字のような奇妙な形をたくさん描いていた。五、六年生のころは自分の背の高さくらいのところにテープを巻いた電柱の絵を何十枚も描いている。そこには電柱だけで人間が一人も出てこなかった。

そんな彼に自然の中にあるもので、興味のあるものを描かせようと思った。学校の周りは山に囲まれ、すぐ後ろには桐生川が流れている。源から五キロメートルくらいのところなので、水は澄んでいてきれいである。田んぼあり、池ありの自然に恵まれているので、天気の良い日は毎日のように散歩に行った。れんげやたんぽぽ、つくしんぼ、桑の実、山に行って蟹やわらび、おたまじゃくし、カタツムリを取ったり、子牛を見たりした。蟹やおたまじゃくしを捕えて教室で飼育もした。

しかし、浩司はたんぽぽにしても、つくしにしても、頭の方をちょんと摘んでゲラゲラ笑っている。「うれしいん、おかしいんどっち」と聞いてもただゲラゲラ笑うばかりでおたまじゃくしや蟹に感心を示さず、むしろ水に大変興味を持っていた。散歩に行った時、寝転んで青い空を見つめたりもしていた。

ちょうど麦の穂が出揃ったころのことである。麦畑に風がそよそよ吹いて、美しくうねっていた。畑の持ち主に頼んで麦を二十本くらい貰って花瓶に挿した。

あくる日、その麦を描いてみた。浩司はとにかく鉛筆を持った。「麦の穂から描こう」と言うとみんなはそこから描き始めた。浩司は初めは隣の義明の絵を見ていた。どう描いてよいのやらわからない感じだったので、私が手をとって麦の一粒を描いた。すると同じような形をどんどん描き始めた。麦は見ずに丹念に一粒一粒描いた。葉や茎は義明のを見てそのとおりに丹念に一枚一枚描いた。私は真似て描けることにびっくりし、うんと褒めた。散歩で麦に接したことと、仲間の力がそうさせたのだ。ときどきゲラゲラ笑いながら描いていた。

その後、粘土で灰皿を作った。一人二十キログラムぐらいずつ持って来て、床の上で足で踏んだり、たたきつけたり、手で練ったり、全身を使って土に取り組ませた。みんなは床に落としたり、「クモになったあ」「コッペパンになったあ」「ヘビになったあ」「ウンチになったあ」「じゃがいもになったあ」などと汗びっしょりになってキャーキャー騒いでいるのに、浩司は仲間にも入ろうとせず、土を嫌がり、少しでも土が付くと水で洗っていた。触るのを嫌がるので四回目の授業のころ布で土を包んでやった。すると指先でちょっと触ってゲラゲラ笑っていた。最後まで土に触れるのを嫌がっていたが私の手助けで、とにかく灰皿らしきものを作った。

梅雨に入り、学校前の神社の境内にあじさいの花がたくさん咲き乱れた。子ども達は毎朝そこを通って来る。そんな時小学部の先生があじさいを「教室に飾りませんか」とたくさん持って来てくれた。どの教室もあじさいでいっぱいになり、とてもきれいだったので、早速、子ども達に描かせた。

浩司には麦の時と同じようにまず花びらを一つ取り、今度は私が描いて見せるのではなく、対象をよく見させて描かせた。義明のを見たりはしていたが、とにかく一人で描けた。形が決まるとどんどん描いていった。無限に紙のありったけを花で埋めてしまうのではないかと思い、花の大きさは私が決めてやった。一応花らしく描いてほしいという私の常識がそうさせたのである。葉っぱは義明のを見て描いていたが、今度は義明のとは少し違い、全く左右対称だった。

「どんな色かなあ」と二十四色の絵の具を見せて、浩司の選んだ、紫、青、赤、白、桃色、緑、黄色などの色を私が混ぜた。いろんな色ができた。色を選ぶことのできない信司も、選ぼうとしない忠も、その色を使って描いた。浩司は、脇目もふらずどんどん塗っていった。「絵の具は薄く溶く、紙に塗ると下の鉛筆が見えるくらいにするんだよ」と私が溶いて、「筆の先はきちんと揃えて描くんだよ」と描いてみせた。その他、水をつけ過ぎたら布で取って塗るなど、細かく実際にやりながら教えた。

教室にじゃがいもを持って来て芽を出させて描いた。浩司は芽と根に異常に興味をもち、絵を描く時もじゃがいもはすうっと描き、芽や根は手で触りながら描いた。細かいことをいろいろ言わず、こつこつと丹念に描く良さが表れた作品になった。浩司にも〝実際に確かめる〟という新しい〝芽〟が出たような気がした。

夏休みは石を集めて、投げたり、物置に入りきりになっていたりした。二学期に入り授業が終わると、屋上、体育室の準備室、図書室、音楽室、音楽準備室、保健室、相談室などあらゆるところに入り込むようになった。中に入ってただポツンと立っているだけであった。九月いっぱいやっていたが、十月になりまた葉っぱ流しが始まると止んだ。しかし今度は下校時に教材室に行き、教材用の時計を一時、一時半というように、十二時まで鳴らし、ポツンと十分くらい立っていてから葉を流しに行く。教室で三十分くらい立っていて流しに行くこともあった。このころ弁当の時に、信司から大好きなたくわんをもらって「ありがとう」と言ったりもした。また特別活動の時間に「星かげさやかに」を信司と歌った。かすれた声だったが澄んだやさしい声であった。

家ではバケツで水を二階へ汲み上げ、屋根から流すという動作を繰り返した。部屋を閉め切って押し入れの襖を開け、布団に足を乗せて寝そべったりしていた。一方、乱暴な行動はすっかりなくなり、「おかあさん、おかあさん」と言うことが多くなった。また学校から帰って来ると、言われなくても制服を着がえきちんとハンガーに掛けておくし、汚れた下着は脱ぐと必ず洗濯機に入れておく。教えないのに「おやすみなさい」と言って寝るようにもなった。

みんなで耕し植えたさつまいも掘り、七段が跳べた運動会などを描いた。どの作品も自分から描き、もう義明の絵は見なくなった。しかしただ漠然と描いているという感じであった。絵の具で色を塗ったが、どうしても水が多すぎて、うまく塗れない。何回やっても駄目だった。浩司にとって描くことより水の方に興味があるようだった。題材が合わなかったようで、描かせ方にも問題があったに違いない。

十月、他の人には見せなかった葉っぱ流しの絵を描いた。仲間の前で自分だけの世界を描くようになったことは、浩司の世界が少しずつ開けてきている証拠だと思った。このテーマはその後も葉っぱ流しが終わるまで二十枚近く描かれた。形式は全く同じだが、緻密さを増していった。

十一月に入るとしばらく陰を潜めていたチャックの上げ下げが始まった。下校時、今度は音楽室に入りピアノで校歌とチューリップを弾いてから、葉っぱを流しに行く。私が音楽室に入っている時は絶対に弾かないが、出て行くとすぐに弾いていた。時にはその後、教室で三十分くらい立っていることもあった。また帰る時何を思ったのか、わざわざ図書室で会議をしている私のところへ「さようなら」を言いに来たりしたこともあった。家でお父さんの簡単な用事もよくやるようになったし、父親の指導でエレクトーンの練習もしていた。

二階から水を流しているところなど生活の絵も進んで描くようになった。

友達の絵では、斜め横から見た顔を描く。十二月に浩司は「浩ちゃん、浩ちゃん」と言って、給食の時も遊びの時も付き人のように世話をしている大好きな信司を描いた。初めは、鼻、頬というように描いていった。しかし首のところになると、正面から見たように描いた。「こういうふうに見えないかい」と薄く鉛筆で描いてやっても、どうしてもよくわからないらしく、正面から見たように描く。

その後、カレンダーを作る。全校で分担して作るのだが、浩司は一月を担当した。凧あげを描いた。このころになると学部の仲間もクラスの仲間も一学期の時のように〝浩司は特別〟ではなく、みんなと同じだと思うようになっていた。

年が明け三学期になると、いろいろな部屋に入ることがほとんどなくなった。しかし葉を流すことはずっと続いた。一月、授業が終わると体育室の後ろに切って置いてある梅の木に腰をかけ、それから葉っぱを流しに行った。三階の廊下の窓から見ていたが座っている時間を時計で測ると十分。どんなに寒い日でも雪の日でも行った。二月、三月は必ず相談室の窓から教室に入り、屋上の入り口へ行き、しばらく立っていてから流しに行く。相談室の窓に鍵がかかっている時は、あらかじめ開けておいてから外に出て流しに行った。あるいは校長室の入口から入り、屋上の入り口でしばらく立っていて流しに行くこともあった。

職員室では浩司の外出について問題となったが、先生方と相談し、「学校全体が教室であり、このことが浩司にとって生きがいなのだから」と、納得してもらった。

二月四日のことである。六時間目は近くの山に登った。風邪をひいていたので、私は無理やり後をついて行き、葉っぱ流しをさせないで帰した。今までは葉っぱ流しをしなければ決して家に帰ろうとしなかったのに、すごいスピードで家へ向かって帰って行った。すぐに母親から、「学校で何かあったのですか、ものすごい勢いで帰って来て、物置の二階で声をあげて泣いているのですが」と電話があった。泣くことのない浩司が泣いたのだ。

二月七日、私はそっと浩司の後を追った。わからないように細心の注意をして行ったのに、気配を感じたのか見つかってしまった。今までなら見つかればその場に座り込んでじっとしていて、私が側を離れ学校に戻るのを確認してから流しに行った。

ところがその日は「浩ちゃんごめん、見ないからね」と素直に謝り戻ろうとすると、きょとんとしている。「見てもいいん?」と言うと、とたんににこにこと低い声で「いいです」と答えた。初めて葉っぱを流すところを見せると言ったのだ。このころから浩司は低い声になり、吸う息でなく吐く息で話すようになった。

石垣まで付いて行くと、制止した。水の流れているところの石を跳び越えて大きな石の上に鞄をそっと置き、ノート、本、筆箱を一つずつゆっくり丁寧に隣の石に置き、鞄の底から葉っぱをまるで宝物のように両手に持ってパラパラと流す。全部流し終わると初めて葉が流れて行くのを見る。いつになく真剣な顔で見ている。葉が見えなくなると、筆箱、本、ノートという順序で鞄に入れ、鞄の取っ手を五本指を真っすぐに伸ばして、さっと握る。まるで神聖な儀式でも見ているようだった。流し終わってから浩司は「さようなら」と言うとうれしそうに手を振った。その笑いはとても自然だった。

三学期に入ると「登校するのが待ちきれず早く学校へ行ってしまうのですよ」とおかあさんは言っていた。

早く起きて朝のマラソンで汗をかき、その後教室で勉強をし、午後は作業で汗をかくということと、仲間の遠慮のない付き合いが学校を好きにさせ、いろいろなことができるようになった。そんな時に友達を描いた。浩司は男の子十人を描いた。色も付けた。形式は同じようだが友達一人ひとりが少しずつ違っていた。浩司は初めから二番目で、なんか妙ににすましている感じだ。四日間で仕上げた。

お別れ会の会場づくりで「部屋ではお帽子を取るんだよ」と、信司があまりにもしつこく言うと、急に怒りだし、信司をめちゃくちゃに殴った。今までの浩司だったらにこにこしていたのかもしれないが、真っ青になって殴りかかった。初めて浩司が怒ったのを見た。

お別れ会では母親や仲間の大勢いる前で、校歌と蛍の光をピアノで伴奏した。

（五）老人のように歩く浩司

二年生になってからも葉っぱ流しは相変わらず続いていた。浩司のとっておきの秘密をそのままにしておく方がよいと考えることもあったが、とにかく浩司は今までは決して見せようとしなかった鞄の底の葉っぱを友達に見せるようになった。

そればかりか四月二十一日、流すところも友達に見せた。いつものように朝、「浩ちゃん葉っぱを数えよう」とみんなで数えたら、一二〇枚あった。カバンの中から一枚一枚例によって、丁寧にゆっくり出す。その後「この葉っぱは水に流されて最後には海に行くんだよね」など話がはずんだ。

そこで、加古里子の『かわ』を読んだ。子ども達は海水浴で海を知っていたし、川が始まるところも散歩の時に知っていたし、ダムや田んぼに水が入るところも、流れがだんだん大きくなって工場があるところも知っていた。「浩ちゃんの流した葉っぱは海に行ってからどこへ行くんだろう、もういっぱい流したから、途中でつかえないで海へ行ったのもたくさんあるだろうね」などといつになく授業が広がっていった。「それじゃ、浩ちゃん、昼休みにみんなで流そう」と言うと、「いいよ」と言う。みんな、うれしくて給食が終わるとすぐ葉を持って裏の桐生川へ行った。みんなで冷たい水に足を入れながら葉っぱを流した。義明は「アメリカへ行きますように」と言い、信司は「海へ行っちゃうん？」と不思議そうに浩司に聞いていた。日出実は「途中で子どもが拾って遊んじゃうな」などと言いながら流した。

ここちよい風と冷たい水に足を入れ、その後石を投げたりして、みんな気持ちよく帰った。「浩ちゃん、またときどき流そう」などと言いながら教室に戻った。その日の浩司は、午後の作業もなにか落ち着かない様子だった。下校時もなぜかしょんぼりしていたように感じられた。次の日からは葉っぱは持って来なかった。葉っぱ流しは、ぷっつりと止んだ。

その後、二、三日過ぎると、今度はリズムのないような歩き方が始まった。タイヤ飛び、トランポリン、リズムなどもぎこちなくなった。背を少しかがめて、老人のような歩き方で歩く。「浩ちゃん、おじいさんになったん」などと信司は驚いたような顔をする。日出実は自分が真っすぐ歩けないのだけれども「背中を真っすぐにして歩かねば駄目だ」とひどい剣幕だった。私も「背中を真っすぐにして歩かないと骨が曲がって本当のおじいさんになるよ」と強く言ったりした。浩司はにこにこ笑っているだけで六月になっても相変わらず老人のように歩いていた。

五月二日から修学旅行へ中学部全員で松島、会津若松方面へ行った。水族館、魚市場、会津若松など、母親、友達、私達と楽しそうに過ごした。しかし歩く様子は相変わらず老人のようだった。

六月の終わりのころ、歩き方にますますリズムがなくなってきた。それは学校にいる時だけで、家の近くの神社まで来ると普通の歩き方になり、家に帰ればなんともなかった。

(六) ぴょんぴょん跳ねる浩司

七月十日のことである。突然ぴょんぴょんと両足でカンガルーのように跳ねながら歩くようになった。真っすぐ立っていることも、座っていることもほとんどなかった。常に身体を前に曲げている。全校集会などでやむを得ず立っていなければならない時など、全身がぶるぶる震え、筋肉は硬くなり、汗がじっとりとにじんでいた。私はきつく「普通に歩かねばだめだ」と言い、おしりを力いっぱい叩いた。身体を縮こまらせて「よしてくれ」というような格好をしたが、悲しい顔もせず、ゲラゲラ笑っていた。朝の体操も、行進もできなくなってきた。下校時、庭の端の教室からよく見える小高い土手に登って帰るようになった。まるで跳ねているところをみんなに見せたいというような感じさえした。

作業ができなくなってきたので、麦畑の絵を描かせることにした。麦畑に行った時、寝転んだり、麦に触ったりここちよい風に吹かれて、うれしそうな顔をしていたのを覚えていたからである。友達の絵の時のように、三m×一・八mの大きい紙に描くことにした。描き始めると驚くほど集中して描いた。

描いているうちに絵の中の麦畑に蝶やトンボが飛交い始めた。まるで浩司と麦と蝶やトンボがお話をしているようだ。黙々と一人で描いていた。絵の中に入りきっているという感じだった。色は給食のお盆にたっぷりと絵の具を溶いて作り、細い筆で丁寧に塗っていった。

二年生の九月になっても相変わらず学校ではぴょんぴょん跳ねる。運動会でも普通に歩けず、疲れて最後までできなかった。身体中硬直し、移動する時など汗びっしょりになる。しかし学校から離れると普通に歩いていた。群馬大学病院などで診察を受ける。原因は学校に抵抗があり、葉っぱ流しを中止したことが、こういう形に表れたのだろうということであった。飛び跳ねることだけを突っついていたのでは駄目で総合的に考え、いろいろなことをやってみようということになった。あとで知ったことだが、このころから家に帰ると、近くの台山という山へ毎日登り、石を運ぶようになった。

十月、スクールバスで芋掘りに行った。学校を離れても跳ねて歩く。しかし大きな芋をたくさん掘って大喜びだった。おじさんに芋をふかしてもらってお腹いっぱい食べた。母親の話では、さつまいもは初めて食べたとのことだった。そのころ跳ね方はだんだん酷くなって行き、三階の教室に行くにも汗びっしょりかいて大変だった。

「赤かぶ」「あけび」を描いた。赤かぶは畑を耕し、種子を蒔いて育てたものである。

畑から取って来て洗って描いた。色を塗る時、水がついている時の方が艶があってきれいなので、濡らしながら描いた。浩司は色を混ぜることも知っていたし、塗る時の濃さもよく知っているのできれいに塗れた。

十二月に入り、ますます身体が硬くなり跳ね方にリズムがなくなってきたので長時間休ませてみるのも良いことかもしれないという日赤病院の先生の指示で一週間休んだ。しかし跳ねることは、一向に変わろうとはしなかった。午後の作業の時間は、クリスマス会のためのサンタクロースの絵（二m×八十㎝）を三日間かかって描く。サンタクロースが大きな袋を背負っている絵を四枚描く。描いている時も、身体を曲げて描いた。

冬休みも終わり三学期が始まった。相変わらず行動には変化がなかった。私はその日も「浩ちゃん、昨日は家に帰ってから、また台山に登って石を拾って来たんだろう、どんな形の石があったんだい」と聞くと、浩司が突然「歩く」と言う。よく聞いてみると、どうやら四月になったら普通に歩くということなのだ。他の先生が「浩ちゃんもう普通に歩くんだよなあ」などといつも暗示みたいに言っていたこともあったのだろう。私は「浩司の自立宣言」と受け取った。

浩司にここで何かをしてやらなければと、一緒に組んでいる広島先生と相談して、一番好きな〝絵を描くこと〟を集中してやらせることにした。家族四人で京都旅行をしたのでまず京都のことを聞き出し、わからないところは母親に連絡帳で聞いた。約一ヶ月、作業の時間全てを使って三十枚描く。クレヨン、マジックを使って描いた。家を出発するところから、新幹線に乗って京都に行き、清水寺、竜安寺、映画村などを見学し、家に帰って来るまで絵巻き物を見るように描いた【1】。

その作品を毎日毎日仲間に見せると「すげえなあ、次はなんだい」などと褒められた。この作品を描く中で浩司の世界がパーッと開けてきているようだった。形はパターン化しているが、色が実に伸びやかできれいである。描く材料はクレパス、水彩絵の具、マジック、色鉛筆と教室にあるすべてのもの何でも使った。

広島先生は浩司の描く姿を見ていてそのつど材料を選んでいた。私の中に今までこのような指導がなかったことを改めて思わされた。ここぞとばかり、午前中も使ってカルタづくりを始めた。なぞなぞみたいに「浩ちゃんはどうしてぴょんぴょん歩くの?」と聞くと「歩きたいから」との答え。「それではなにがなんでも歩きたいの」と言うと、「そうです」と低い声で答える。「じゃあ、なにがなんでもぴょんぴょん歩くにするか」と言った。

そんなふうにして十日くらいかかって次の文を作った。

(あ)　あぶない　とびだし　道路は危険
(い)　いんこはきれいな小鳥です
(う)　うさぎと一緒に遊ぼうね
(え)　笑顔で夕食　おいしいな
(お)　おおかみこわいよすぐにげる

（か）　鏡におふろで「ゆ」という字をかく
（き）　きねでもちつき　ぺったんこ
（く）　くりきんとんはおいしいな
（け）　けがをしないで山を歩こう
（こ）　こんどはぼくが歌うばん
（さ）　さあさ給食だうれしいな
（し）　静かに　静かにお勉強
（す）　すずめはかわいいちゅんちゅんと
（せ）　先生はいつもにこにこおこらない
（そ）　そろってみんなでえびすこう
（た）　たこあげ元気にあげましょう
（ち）　力あわせて作業をしよう
（つ）　つみきでつくろう大きな町を
（て）　手を洗おうよ　給食だ
（と）　とんぼはスイスイきれいだな
（な）　なにがなんでも　ぴょんぴょん歩く
（に）　日記を書いて先生に見せる
（ぬ）　ぬいだり着たり　はやくしよう

1〈京都旅行〉

2〈うさぎ〉

（ね）ねこはかわいいだいすきだ
（の）のんきにまいにちテレビを見てる
（は）葉っぱ流しはもうやめた
（ひ）ひかり号で京都へ行った
（ふ）ふろが大好きみんなではいる
（へ）返事はくるかな　手紙を書いた
（ほ）本が大好き　スーホの馬の
（ま）真っすぐな鼻の広島先生
（み）湖へ行ってボートに乗ろう
（む）むずかしい字も　ぼくは書けるよ
（め）めがねをかけてるおとうさん
（も）もうしないよ　チャックいじり
（や）やっぱりぼくは絵がだいすきだ
（ゆ）ゆうゆうと空に浮かんでる白い雲
（よ）夜店で買ったとうもろこし
（ら）ラッパをふいて　ドレミファソ
（り）りんごがだいすき　ぼくだいすき
（る）るすにしても　ぼくだいじょうぶ

〈はっぱ流し〉

(れ)　練習しよう　上毛カルタ
(ろ)　ろうかでさわぐとうるさいよ
(わ)　わかんないけど面白い　石ひろい

浩司の生活がとても良く出ているカルタになった。でき上がった時の浩司のうれしそうな顔といったらなかった。絵はすらすらと頭の中にでき上がっているかのようである。石を見つめていたり水に夢中になっている時と違う感じがした。

五十音全部の文・絵ができ上がった。(な)のところで描いたのが「うさぎ」の絵である【2】。文ができると描き出し、ゆっくりと確信を持って線を引く。一気に描き上げた。「うさぎ」は張りつめた、それでいて寂しそうな、緊張感がある瞳でこちらをじっと見つめている。浩司の「心の中まで見て下さい」と言っているかのようだ。鉛筆の線は鋭く、変化があり、優しく、喜びに満ちている。

黙々と描いている姿は、まるで仕事をしている人のようであった。「浩司は治ったんだ」という思いが何回も私の頭の中をよぎった。少なくとも作品を作っている時は治ったと思わずにはいられなかった。

そのカルタをみんなで何回も遊んだ。浩司がカルタを読む。低い声で抑揚のないように読んだ後、にこにこ笑っていた。照れくさくって仕方がないという感じである。絵と文がぴったりしていることもあってか、ひらがなが全部読めない子もよく取れた。

次に作品展のために描いた「三井先生」は、今までの浩司の形式を打ち破る作品になった。「京都旅行」の絵やカルタは頭の中で知っていることを羅列的に描いている感じだったが、この作品は、実際に対象をよく見て描けた。三井先生のやさしさ、誠実さがにじみ出ている作品になった。大好きな三井先生と浩司のやさしさ、誠実さが、三井先生の内面まで見つめたような作品を作らせたのだろう。

（七）浩司がきちんと歩く

〝歩く〟と宣言した三年生の始業式の日がきた。

浩司は登校する時間なのにやって来ない。電話をすると母親は「普通に歩いて学校へ行きました。まだ着いていませんか」とのことだった。すぐに浩司のいそうな桐生川や神社に行ったが、どこにもいなかった。ようやく、いつも普通に歩き始める神社の所の茂みにじっと縮こまっている浩司を見つけた。

「浩ちゃん、こんにちわ」などといろいろ話しかけても、ただ、にこにこしているだけだった。学校へ戻る真似をして、隠れて様子を見ていると、突然すごい勢いで台山に走り出した。私も全力で後を付いて行くと、気配を感じたのか後ろを振り向いたとたんに、フィルムが止まったように突然しゃがみ込んでしまった。私はあっけにとられて、しばらく黙って立ちすくんでいたが「月曜日から普通に歩いて来るんだよ」とだけ言って、この分じゃ当分駄目かなとがっかりして帰った。

四月十日、三階から眺めていると、浩司は背をかがめて普通に歩いて来た。浩司は教室に入ると何事もなかったように後ろの黒板にその日の予定を書く。ぴょんぴょんしている時はくにゃくにゃした文字であったが、以前のように端正な字で書いた。なにもなく一日が過ぎた。

翌日、今度は背を伸ばしてきちんと歩いて来た。朝の運動では校庭を八周走る。「浩ちゃん良かったねえ、良かったねえ」と、誰ともなく浩司のところへ近寄って来た。三井先生や広島先生、吉沢先生達が握手をし、仲間も背中を叩いたり大はしゃぎである。この時、もう大丈夫だと思った。帰りはいつものとおりに台山に登って帰ったようだった。

（八）動き出した浩司

それからは普通に歩いて来た。そのころ粘土で花瓶を作ったが、ちょっと指で触れるだけで汚れるのを嫌がる浩司ではなかった。もう二年の時と違って、身体全体を使って粘土に取り組んだ。

十四日（金）私が休んだ時、日出実がまた浩司の背中を爪で引っ掻いた。日出実はマヒではないが、手足が自由に動かず、腰が安定せずよく転ぶ（フリードライヒ病）ので、先生方や仲間が「日出、日出」と注目していたのに、周りがみんな「浩ちゃん、浩ちゃん」と言うようになり、面白くなかったらしい。その時浩司はされるままでなくて逃げた。ここでも、もうじっとしている浩司とは違っていた。

次の日、浩司がいつも登っている台山にみんなで登ることになった。以前浩司と約束したとおり、浩司が先頭で登った。神社の裏の川を渡って、小高い畑に出ると、菜の花やレンゲが一面に咲いていた。さらに登ると竹林があり、そこから急な坂を登ると、山の中腹にほとんど人が訪れることもないような小さな社があった。私は学校付近の山に毎月登っているのに、こんな所があるとは気が付かなかった。社の周りには浩司が川から運んできた石の山がいくつかあった。その石を家に持って帰っていたのである。そこから頂上まで五分くらい、ひのきや雑木の林を登ると、学校や桐生川さらには桐生の街がよく見通せた。帰りは道もなく、背の高さくらいの雑木が密集した所を掻き分け降りて来た。降りて来た所は、浩司の家のすぐ裏であった。あれだけ学校で縮こまっていたのだから、ここで汗びっしょりになり、せいせいしたのだろう。

数日後、浩司は葉っぱ流しの時に、靴を置いていた大きな石と中腹の社から持ってきた小さな石を美術室に運んで来て、水彩絵の具で石の絵を描いた【3】。

まず、画用紙のほぼ中央に迷うことなく大きな石の輪郭を引いた。石の少し窪んでいるところには、無造作に長方形や正方形や三角形に近いような形を鉛筆で点描風に描き込んだ。こうして石全体がびっしりと点で埋められていった。

大きな石を描き終えると、今度はその周りに小さな石を描き始めた。山で拾った石を十個くらい宝物でも取り出すように、ゆっくりと鞄の中から机の上に置き、左上から描いていく。ときどきちらっと石を見ることはあるが、ほとんどわき目もふらずに描いていった。

3〈石〉

小さい石、中くらいの石、大きい石と組み合わせに変化がある。私はまるで浩司の頭の中を見ているような気がした。そのうちに浩司は石を見ながら、パレットに茶、焦茶、黒、緑、青などの絵の具を出した。石に水をつけた方がはっきりと色や形が見えるので、バケツに汲んだ水を私が石の上に濡らしてみせると、大きな石がくっきり浮かび上がった。浩司はそれをまじまじと見つめていた。

彼の画面はどちらかというと、べた塗り気味だったので、私が水をたっぷりとつけて、絵の具を薄く溶いてみるように言ったところ、彼はまた中央の大きな石から塗り始めた。石が生き物のように変化し始めた。こうして大きな石を塗り終えると周囲の小石を塗りだした。それはまるで一つひとつの石のささやきに応じて、色を塗っているような感じだった。

浩司はなぜ学校の裏の川にまさきの葉を流したりしていたのだろうか。彼はいつも決まって、鞄を同じ石の上に置き、儀式でもするかのようにして、葉っぱを一枚一枚、ゆっくり指の間から川に流していた。浩司は、せせらぎの音、そのときどきの光や風などにより、水の中の石が輝いたり、変化するのを見ていたのではないだろうか。また同じように、裏山の小さな社の側に宝物のようにそっと積み続けていた石も自分に語りかけるものとしての意味をもっていたのかもしれない。そう考えると、彼にとっての石は自分自身だったのではないか……。私はそんなことを思いながら、喜びを満面に浮かべて絵筆をとっている浩司を見つめていた。作品を見ているとまるでポール・クレーの作品のように知的で澄みきった世界がある。

（九）『スーホの白い馬』

四月二十一日（金）から『スーホの白い馬』を描き始めた。

一月ころからこの物語が好きで、帰りの時間などに何回も何回も読んだ。浩司は特に好きで家に持って行き、全文書き取りなどもした。読みも抑揚のない感じだが何回も読む。浩司の頭の中にはもうすじも絵もすっかり入ってしまったと思われるくらいだ。生活の時間などにもみんなで読み合ったりした。やがて絵だけを見て、みんなおよその話までできるようになった。

一人ひとり好きな場面を絵にした。浩司はスーホが草原をゆうゆうと馬に乗っている場面を描いた。雄大な感じに描けたので、うんと褒めた。みんなも「浩ちゃんのが一番きれいだ。草原らしいし、馬がかっこいい」などと言っていた。

そこで続けてもう少し描かせられたらと思い「もっと描くかい？」と聞くと、「うん」と、とてもうれしそうだった。特別にしない方がよいとは思ったが、ここでまたひとつ、ふっきれるのではないかという期待も持っていたので、とにかく続けて描くことにした。

最初は作業に差し支えない時や、空き時間を使って描いていたが、思い切って午前中いっぱい、時には午前・午後とぶっ続けで描くこともあった。

物語を読むといきなり画用紙に描いていった。まるで泉が湧くようにどんどん描いていった。浩司の頭の中から描こうとするものがつぎからつぎへと出てくるようだ。色を塗り始めた時、線が見えた方がよいと私は感じ、透明水彩絵の具を使った。絵本によく似た場面もたくさん描いたが、形も色もすっかり浩司のものになっている。

二十枚描いたが、どの作品をとっても浩司の優しさと誠実さがにじみ出ている。スーホが大草原で馬に乗っている場面【4】など、平原は同じような細切れの直線が縦に並んでいるだけなのに、広々とした草原を思わせるし、馬とスーホの心が通っている様子がとてもよく出ている。

また、スーホが王様に打たれる場面では、馬が小さく描かれている。これもスーホの悲しみを表すために小さく描いたに違いない。スーホが矢に打たれて帰って来たところは、夕暮れの感じがただ青一色で塗ってあるだけなのに、よく表現されていて、なんとも言えない美しさである。

白い馬を拾ってスーホが抱いている場面も黒目がない【5】。このことも意識して描いたに違いないと詩人の木村次郎さんに言われたが、今見ると浩司は完全にスーホの世界を浩司なりに描き切ったと思っている。

確実に浩司の持っている、浩司しかない心の扉が開かれてきたと思った。

一学期いっぱいかかってようやく完成した。紙芝居のようにしてクラスの仲間の前で読んだ。例によって、あまり抑揚のない低い声だが、私にはとても感情がこもっているように聞こえた。浩司は読み終わると声を出して笑った。本当に心の底からうれしいといった感じの笑いであった。教材の力と仲間達の応援でできたのだと感じた。

私はこの作品の中に自立への暗示が凝縮されているように思えてならなかった。

4〈スーホの白い馬〉

5〈スーホの白い馬〉

（十）仲間の中で育つ

そのころから朝は校庭を十周くらい走り、その後学校の前の神社の山登り、タイヤ跳び、雲梯上りなどで汗をびっしょりとかいた。教室に入って国語・数学・音楽・美術などの学習をし、午後は作業で、花壇や畑仕事をした。なす・さつまいも・きゅうりづくりのための落葉集め、砂や土運びをした。

落ち葉集めは学校の前の神社の後ろの山に行き、ダンボールの箱にびっしり詰めて持って来る。赤い椿の花の下を通って、ひのきの林を登り、ならの林を通って行く。付き当たった所が谷になっていて、落ち葉が吹きだまりになっている。腰まで入るくらい一面にある。谷の上から滑ったり、落ち葉をかけ合ったり、落ち葉の中に入ったりして楽しんだ後、三往復運ぶのである。

土はならの林の所からバケツに入れて持って運んで来る。畑に着くころは腕が痛くて仕方がないようだが、これを四往復する。砂は砂場から五十ｍくらいであるが、バケツや一輪車で運ぶ。朝と午後と二回、びっしょりと汗をかいた。

暑い日は職員も私も子どもも裸になって働いた。浩司も例外ではなかった。自然の中で働くのは私達にも楽しいひとときだった。子ども達は本当によく働いた。そんな時の浩司はどこに障害があるのだろうと思われるくらいであった。

作業の時間、二㎞くらい離れている山へリヤカーで土を取りに行った。坂の下にリヤカーを置いて五十ｍくらい登ったところから土をバケツで運んだ。両手いっぱい土を入れて運ぶ。いつもの土運びはバケツ一杯だが、その日は両手に持った。途中で休んではいけないことを約束して運ぶ。浩司は十回くらい運んだ。もちろん途中で一度も休まない。大粒の汗が額から、ぽたり、ぽたりと落ちていた。浩司は学校までリヤカーをひっぱり帰って来た。浩司は働くことを、汗を流すことの喜びを身体で感じてきているようである。

体育の時間、輪くぐり競争など信司、義明らと手をつないで楽しそうに走っていた。自分から手を出すようになってきた。休み時間自転車に乗ってふざけあったり、小学部の子ども達とも手をつないで、ふざけるようになった。昼休みにはソフトボールにも加わるようになってきた。

六月の終わりころ、進路の授業で仕事についての学習をしたこともあってか、卒業後のことに興味を示すようになった。母親に「来年の四月からどうするのか」と、毎日しつこく聞くとのことだった。あてもなかったのだが「浩ちゃんなら必ずきちんと仕事ができる。卒業までに仕事は見つかるよ」とよく言い聞かせると「わかりました」とうれしそうに答えるらしい。

七月の〈七夕学習〉では、「ぼくは会社に行きます」と短冊に書いた。また、五百ｍくらい離れたところにある護国神社に行った時のことである。吉沢先生が「三年生は卒業したら会社に行く、会社に行ったら返事や連絡が大切です。名前を呼んだら大きな声で返事をする。初めに鈴木浩司君！」と言うと、驚くほど大きな声で「ハイッ」と返事をした。仕事に対する心構えが浩司なりにできているように思われた。

このころから、一年の勝治と仲良く遊ぶようになっていた。勝治は言語にも障害があり、能力的にも浩司よりずっと重度だが、何でも勝治の言うとおりにしていた。「バケツに水を汲んで来て」と言われるとすぐに汲んでくる。「ブランコに行こう」と言われるとブランコに行き、「自転車に乗ろう」と言われると乗ってみる。勝治の言葉は私達には判断しかねる言葉なのに浩司にはよくわかるようだ。しかし困ったことには「顔を洗え」と言われれば何回でもびっしょりになって洗うし「石を持って来な」と言われると、大きな石を校庭のまん中に持って行ってしまう。けれども、そういう時の二人はうれしくて仕方がないという感じであった。浩司の初めての本当の友達なのだろう。一泊二日の宿泊学習があった。勝治は八㎞くらい離れた神社への遠足、キャンプファイヤー、飯ごう炊飯、お風呂など、どんな時でも浩司と離れようとはしなかった。

七月になりプールに入る。深いプールに浩司は何の抵抗もなくすうっと入った。手を持ってやると、バタバタと足を動かし、五十mプールを何周もした。これも勝治と一緒であった。

夏休みは順調で、漢字書き取りや『ごんぎつね』『けんか』などの本を読んだり、計算も「宿題」と言ってやってきた。また誰も言わないのに庭の草むしりを一人でやったりもした。

いよいよ二学期になった。

このころから二年の信子と仲がよくなった。信子は多少マヒがあり、言葉も少なく、おっとりとしていて色白のかわいい女の子である。学校でも休み時間などにこにこと顔を見合わせている。別に話はしていなかったようだが、二人ともとにかくうれしそうに笑い合っていた。勝治といい、信子といい、もうひとふんばりの浩司を支援しているかのように思えた。

昨年はぴょんぴょん跳ねるので運動会に出られなかったのだが、その分を取り返すように頑張った。浩司は赤組の団長に選ばれた。先頭に立ち、ややうつむき加減だが旗を持って堂々と行進した。赤組は優勝し浩司にカップが授与された。

背中も少しずつ伸びてきた。

学校のすぐそばの旧道に栗の木があり、栗がたくさん落ちていたので栗の絵を描いた。いがのピンと真っすぐなところと、栗の丸さがよく出た作品になった。

（十一）職場実習

いよいよ職場実習が始まる前の日のことである。

壮行会で「浩司です、村山縫製に行ってきます」と、元気に挨拶した。この日を待ちに待っていた。

浩司の実習については進路主事を中心にいろいろ考えたのだが、細かいことも得意だし、人間関係でつまずかないところが良いと考え、とにかく、面倒見の良いところを捜して、ボタンの穴かがりとボタン付けをしている工場へお願いした。会社は遠く、乗り換えも複雑だった。浩司は一人でバスに乗ったこともないので、母親の車で行く。幾分落ち付きがなく、緊張気味であったが身体は固くならないし順調に仕事に入ることができた。新しい環境、それも仕事ということで心配したがスムーズにいった。十日間通い、最後にはボタンをミシンで付けるまでやった。遅いが正確にできるということで褒められた。一年生の時、大きな音や針の先のように尖ったものが嫌いな浩司が、あの騒々しいミシンの所でとにかく仕事ができたのである。

実習の後、学校では主に平板ブロックを作る作業をしたが、以前よりよく働くようになった。一年生の時、ストーブに火をつけるのが怖くて、作業室にしばらく入れなかった浩司も、このころは、おふろの水入れ、火をつけること、部屋の片づけ、雨戸閉めなど、母親に言われてだが、どんどんやるようになっていた。家庭でも変わってきた。

十二月六日から三日間で就職者のための宿泊学習があった。浩司が代表で挨拶をした。あらかじめ書いておいた文を読んだのだが、我々も驚くほど大きな声ではっきりとできた。金山に登ったり、パン工場を見学したり、デパートで買い物をしたり、ゲームで遊んだりした。勝治や信子とだけでなく、みんなと解け合って楽しそうにできた。最後のレクリエーション大会では、一人ひとり歌を歌ったが、浩司は我々がタコ踊りと名づけた踊りを踊った。この踊りは浩司が口をとがらせたりする癖を面白がっているうちに、手足が伴ってできたもので、しぐさがスピーディでなんとも面白いものであった。私達は、もう集団で長く過ごしても大丈夫だと思った。

十二月になって描いた「広島先生」【6】「石井先生」は驚くほどよく観察して描いた。

じいっと見つめては、にこにこ笑って描くのである。『スーホの白い馬』に見られたような感覚的な絵ではないが、緻密さ誠実さが出てきた。

（十二）就職への期待

三学期に入り、十日間後期の実習が始まった。浩司の適正から考えて、図案屋さんが良いだろうということになったが、前記の実習工場へ落ち付くことになった。送り迎えは母親がしていた。その浩司の書いた作文である。

校外実習　村山ほうせいに行って

ぼくは、おかあさんと村山ほうせいにいきました。おかあさんのくるまにのっていきました。

はじめにボタンつけをしました。休みがあって、またお仕事しました。おひるになってとなりのサイレンがおおってなってごはんになりました。ごはんを食べてから午後の仕事をやりました。ボタンつけをしました。つくえにすわって、ボタンのしるしつけをしました。ボールがみであながあいているところへきいろいえんぴつでしるしをしました。ブラウスにピンクのえんぴつをつけました。きれをたたんだらそろえました。

つぎの日もおかあさんときてボタンつけをしました。よくしるしがつけられました。

6〈広島先生〉

十時になって休みました。おばさんがお茶をいれてくれました。休みがおわって、またお仕事をしました。それからおひるになりました。午後もボタンつけのお仕事をしました。おわってから日しを書きました。おわりの三日間、ミシンでボタンをつけました。よくできました。さい後の日、おじさんがほめてくれました。お仕事がよくできたとほめてくれました。ぼくは仕事がすきです。

社長は、このように仕事はまあまあできるし、特別困ったこともないし、採用する予定でいたらしいのだが、会社の都合で採用されなかった。浩司には少し経ってから採用されなかったことを話した。案の定、浩司はがっかりし、どうしても納得できないという様子であった。新しい会社が見つかるので心配しないようによく言い聞かせたが、こんな悲しそうな顔は初めてであった。

学校では、いつものように振る舞っていたが、家庭ではマラソンもエレクトーンも弾かなくなり、手伝いもしなくなった。それに変わって、電柱に石を投げたり、川の中に入りびたったり、紙袋に入れた石をカバンから出して、畳の部屋にばらばらと乱暴にまいたり、物置で石を投げていたりするようになっていた。もう三月に入っていたので、急いで太田市にできる通勤寮を含めて安定所にお願いしたり、私達もいろいろ探したが、不景気なこともあってどれも駄目になってしまった。

結局、信司の行く鉄工所で三日間実習をし、採用してもらった。

二月の作品展では、三年になって描いたり、作ったりした浩司の全作品を貼った。『スーホの白い馬』十一枚、『かさじぞう』「広島先生」「石井先生」「名古屋旅行」「メタルレリーフ」など並ぶと圧倒的であった。子ども達は、それぞれ自分の作品を見に来る人に得意そうに説明するのだが、浩司はなぜかあれだけ並んでいる作品を見ようとはしなかった。何回その場へ行こうと言っても「いやだ」と言うのである。とにかく「恥ずかしい」と言うのである。小学校の時お世話になり、大好きだった先生が来ても、実習でお世話になった事業主が来ても隠れていた。「恥ずかしい」過去の自分は「もういい、これからを見てくれ」とでも言いたそうに感じた。

卒業式は背筋をしゃんと伸ばしてできた。たいへん形式的な式だが、その中で浩司なりの一区切りができたような感じであった。

(十三) 働くことの中で成長

就職したてのころの仕事は、冷暖房の部品の組立のパイプを差し込む仕事であった。六十位の男の人とペアを組んでやっていた。社長や従業員の人達の話では、仕事は思ったより早いし、大変正確で、並べ方がいつも一定していて間違いがないので、次の段階に行った時に大変やりやすいとのこと。事実、私達が見ても能率も良いように見えた。

その年の九月ごろになると、仕事の途中で他の用事を頼んでもすぐやってくれるし、話も少しは通じるようになっているという。浩司の仕事をしている様子は、明るく、ちょうど『スーホの白い馬』を描いていた時を思わせた。たいてい仕事や職場が嫌になるころなのだが、そんなこともなさそうであった。

半年経ったころ、会社の仕事の関係で第一工場へ変わった。そこは在校時、実習をした所で、細かいビーズ通し、ナット通し、部品運びなどをしていた。二階で仕事をするが、下はプレスで大変うるさく、浩司にとっては苦痛のようだったが元気に働いていた。

私も肢体不自由の学校に変わった。過労でリウマチ性骨盤性脊椎炎になり入院してしまい、歩けなくなり、ベットに伏せたままの状態が続き、すっかり浩司のことを忘れていた。入院中、浩司の母親から家に電話があった。

病院から電話すると、「仕事は真っ黒になってやっているが、休みの日に会社に行き、こっそりいつも運んでいた部品の箱を持ち出し、何回か隣の家の庭に置いたと会社から電話がきた。よく言い聞かせたので、その後はないと思うが不安で仕方がない。浩司は昔から石を集めたり、とにかく集めることが好きだったので、これが続くと……。持ち出して困らせてやろうかとか、そういうことはないと思うが……」と言う。

入院中で長く話せなかったが「仕事熱心のあまり、日曜日にでも仕事をやりたかったのですよ」と話した。私はたとえそうでないにしても、周りがそう解釈して、それなりに対処すれば、浩司は大丈夫だと思っていた。

次の日曜日、母親と二人でお見舞いに来てくれた。身体はがっしりしてきたし、雰囲気が大人になったように感じられた。もっぱら母親と私の話であったが、浩司は終始にこにこしていた。「仕事は面白い？」とか一緒にやっているおばさん、おじさんのことなど聞いたが「はい」と答えるだけで、それ以上話そうとはしなかった。しかしとてもうれしそうであった。箱の持ち出しはもうなかった。

　翌年の秋、久しぶりに三井先生と自宅に訪ねてみた。授業が終わった後なので五時少し過ぎになってしまった。浩司はすでに帰っていて、二階で着がえているとのこと。母親が、「浩司、先生がみえたよ」と言ってもなかなか降りて来ないので、三井先生と様子を窺いに行くと誰もいない。応接間に戻って行くと、浩司がちゃんと座っていた。

「こんばんは、しばらくね」と言うとニコニコしながらうれしそうにちょこんと頭を下げた。顔を見ると、昨年私が入院していた時に見たよりも、少しまた大人びてきていた。「仕事は、どう？」と言うと、ただにこにこするだけ、「面白い？」と聞くと、こくりとする。「つまらない？」と聞くと、横に首をふる。「仕事は前と同じ？」と言うと、また「こくり」。しかし、ただ首を振るだけなのに、言いたいことが大変明確に感じられた。迷いがない。跳ねていた時のことも聞いてみた。

「なんで跳ねていたかわかる？」「こくり」。

「目立ちたくて？」「こくり」。

「みんなが日出実君、日出実君って言って浩ちゃんを忘れちゃったから？」首を横にふる。

「ただ、目立ちたくて？」「こくり」。

「いろいろ言ってもらいたかったから？」「こくり」。

「自分でよそうと思ってもよせなくなっちゃったから?」「こくり」。

「いつやめるって聞いたときどうだった?、うれしかった?」「こくり」。

少し誘導尋問みたいになったかなという感じはしたが、浩司のことがわかってよかった。

学校にいる時どうしてもできなかった算数の問題を聞いてみた。

「浩ちゃん、うんとやさしい問題で悪いんだけど、答えてくれる」と言って、「りんご三つに、みかん二つ、なし三つ」全部でいくつ、と聞くと、「八」という数字を出した。どうしてもできなかった問題が今はできる。浩司は仕事をする中で着実に成長しているようだ。

浩司は鉄工会社に現在も勤めている。

井上雅晴

描きたいものを描く

何をどう描くかよく考える。どう描いてもよい。自分で納得するまで描く。描きながら考える。また他人がどう見るだろうかということを一切気にしない。作品を創ることはとりもなおさず自分自身を生きることなのだ。

雅晴の障害は重度脳性マヒで四肢が麻痺している。自分から動かそうとしないのに、身体が動いてしまい、自分の意思でコントロールするのがむずかしい。正確に言うと首が据わっていない。下肢も不安定で歩く時は蒟蒻のようにくにゃくにゃし、手を広げてどうにかバランスを保ちやっと短い距離を歩く。

高等部一年の初めの美術の授業は教室の外に置いてあった桑の木を描いた。雅晴はぐにゃりと座り、四つ切りの画用紙に描いた。私はごつごつした木の中から、やがて柔らかい芽が出てくる——そういう気持ちを込めて描いてほしかった。雅晴は画用紙をガムテープで貼り付けて動かないようにしないと描けない。目と手の協応ができず、顔は描いている手の方向と反対に行ってしまい、少しも静止しない。鉛筆は力いっぱい握ってしまうため、芯がポキポキ折れてしまう。力を抜くことができないのだ。しかし、なんとか桑の木らしい形がとれる。水彩絵の具で彩色する。形からはみ出ないように懸命に塗る。ゆっくり描こうとしても、手が不規則に速く動いてしまうのでむずかしい。

出来上がった作品はのびのびとしていて、色が微妙に変化して美しいと思った。しかし雅晴は失敗作だと言う。形や色が似ていないと言う。雅晴は形や色が実物のように、誰にでもわかるように描けることを目指していた。同級生で同じ脳性マヒでライバルの重良がそのようなリアルな作品を描いていて対抗しようということもあったようだが、なによりも障害のない人に近づきたいという願いがそうさせていたようだ。

一学期、「石井先生」と「夏の終わり」という風景画を描く。色も形ものびのびとし雅晴の意気込みを感じさせ、私を惹きつける作品だ。そのあと黄色と黄緑で「おちめになったイギリス国旗」という絵を描く。これが今の自分の心境だという。

タイプ・アートへのこだわり

二年の九月になり、絵を描くのをやめると突然言い出す。タイプ・アートなら対象に似たすっきりした作品ができそうだと言う。

タイプ・アートとは、タイプライターを使って、文字や記号を組み合わせて絵画表現するものである。縦と横はたいしてむずかしくはないが、斜め・曲線・円を打つのはかなりの技術を必要とする。また組み合わせも複雑である。したがって障害のない人でもなかなか思うようには打てない。雅晴は反射が強く、文字を打つだけでも一時間に何行も進まない。思いどおりのところへなかなか指が行かないことなどを考えると大変な困難が予想された。しかし、どうしてもやりたいと言い張る。

雅晴の言うように、形や色が実物のように、誰でもわかる表現方法もあるが、絵はどういう形式でも描き方でもよい。大事なことは自分の考えや願いや思い、はっきりわからないもやもやしたものを、感覚を開き切って、形や色で追求する中であきらかにしていくことである。自分の生きざまを描く中で作るものである。そういうことを鑑賞などを通して教えようと思ったが断念した。今の雅晴にはとおりいっぺんしか理解できないだろう。雅晴はふつうに歩き、話し、食べるように、誰でもわかるような絵を描きたいのだ。

私はタイプ・アートでは満足する作品はできないだろうと思ったが、本人にやりたいだけやらせ、気長にわからせていくより仕方がないと思った。タイプ・アートの制作にあたっては、本人が納得できるまでやることを条件にした。

一年と少しの間、タイプで作品を作った。この間、重良、雅晴を中心にして、ゴッホの「ひまわり」「自画像」、ケーテ・コルヴィッツの版画集から「パン」「母」「人々」、靉光の「自画像」「眼のある風景」、岸田劉生の「自画像」など鑑賞の仕事をたくさんした。私はあくまでもリアルな具象の作品で納得させようと思っていた。

二年の後半になり建物と木のある風景など形はすっきりし、誰にでもわかるような作品ができてきたのだが、タイプ・アートでは感情表現はできないと言い出し、水彩絵の具を使って緑や青や灰色で彩色が施されたが、雅晴は満足できなかった。しかし、雅晴は相変わらずタイプで描いていた。私はじっと見守っていた。雅晴の熟するのを待っていた。

油絵との出合い

三年になり、色鉛筆で無数の線で自画像を描いて来た。自由でのびやかなものだった。タイプで絵を作ることを自らやめた。雅晴は自分なりに描くことの意味を見い出したのだと思った。このころからスケッチブックに何枚も何枚もデッサンを描き始めていた。全て人間が描かれ、ほとんどが自画像であった。鉛筆だけでなく、赤・黄・茶・青などの色鉛筆を使って描かれた。初め無数の線で描かれていたが、しだいに線は整理されていき、感情を剥き出しにしたような作品になっていった。全身像を、赤・黄・緑・黒などの色鉛筆で画用紙を二枚張り合わせて描いた。手が異様に長く、腰がやや前に倒れている。この作品【1】を見て私は、まさしく自分自身を正面から見つめ出したのだと思った。

二学期になり、最終的にそれぞれの進路を決定する時がきた。しかし雅晴は、施設か在宅かどちらかしかなかった。その他敬愛していた片思いの人が結婚してしまうなど、さまざまな葛藤の中で、悶々とした日々を送っていた。

九月に入って突然油絵を描くと言い出す。油絵は水彩やクレパスより自由に表現できる。乾けばその上に何回も塗ることができる。描き直しもできる。一年かけたっていい。いや

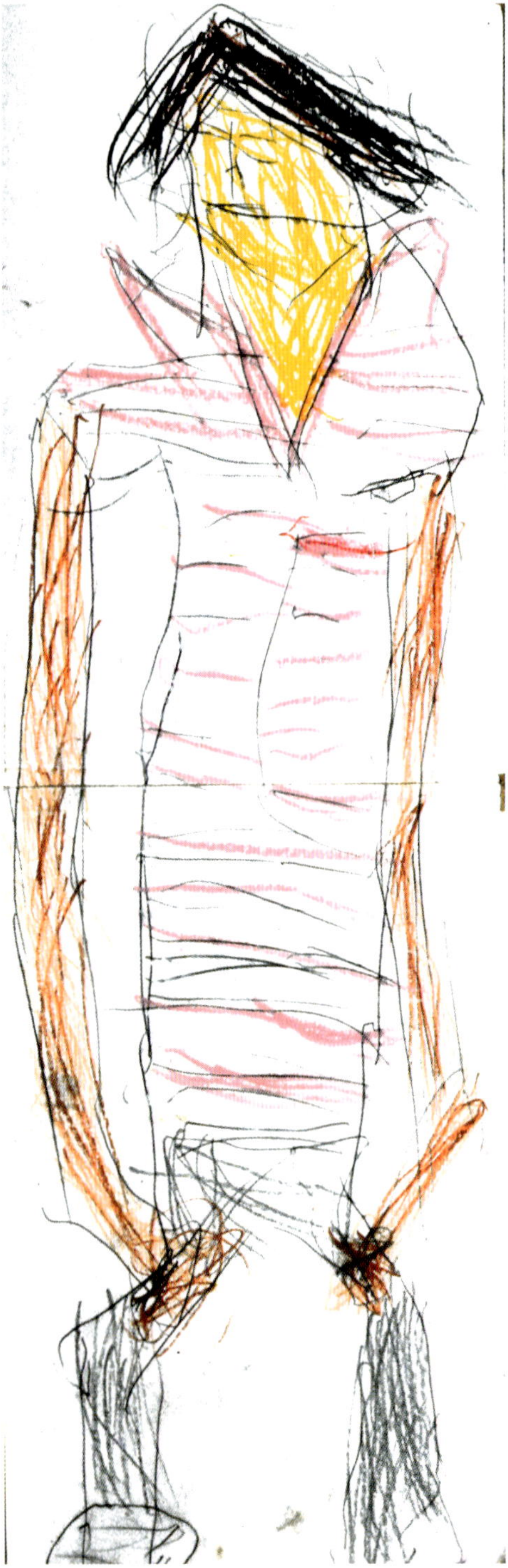

1〈自画像〉

そのほうが油絵の具のもっている本質が出てよい。一気に自分の気持ちを描き込むデッサン、長い時間をかけて気持ちを、考えを、塗り込めることのできる油絵。雅晴の心の中にあるものをじっくりと表現できるかもしれない。私は描くにあたって作品は自己主張なのだから、他人がどう見るだろうかということをいっさい気にしない、他人に見せるための作品は作らない、自分の魂に忠実に描く、用意することから、かたづけることまで介助なしでやることを条件に始めた。

雅晴は絵の具箱を開ける。蓋を閉める。筆で混ぜる。色を塗る。パレットを拭く。筆を洗うことなど一つひとつがなかなかうまくできなくなったが、精力的に作品を作り出した。十一月、絵について次のようにタイプで打った。

〈油絵〉

生まれて初めて油絵っていうものを描いた時は、なんとも言えないカイカンだった。油絵だけ、おれの中にある形や色・光など出せるとこが、タイプ・アートではとうていまねのできるものではない……。

〈二本の木〉

この絵は、絵のことをなにも知らずに、かってに描き上げたさくひん。だから自分で見て五十九点くらい。初めての作品と思えばよい方だ。いちいち人の目を気にしていらんない。

〈井上雅晴のつら〉【2】

めずらしくまわりにうけた作品だけど、自分では八十五点ぐらいのできだと言わねばならない。あとの十五点は色が気にくわなかった。

〈空にのびる木〉【3】

この絵は木が雲をつき上げるとこを描きたかった。たとえるならばリュウが天にのぼるような生命がある絵を描こうとしたのに、自分では四十五点？？……！

〈生きもの〉【4】

桐生タイムスにのせてもらい気持ちがよかった。あの博や亜希生をさしおいて、気持ちわるいわけない。自分では九十六点……。

群馬県立近代美術館で、ピカソの作品を見る。「競技者」という作品で、立体派時代の切子面のある人物像である。雅晴は形式も気に入ったが、見つめている表情もじわじわと心に染み込んでくる作品であるとともになにものにも捉われない自由さに感動したという。その後すぐに、明らかに影響されたデッサンを何枚か描く。そのころからスケッチブックにはますますたくさんのデッサンが描かれていた。自画像は日記のように描いていた。百枚以上描いた。その中に、赤いボールペンで×印をつけた作品や「もう生きていくのにつかれた」と判読できる文字と、自画像だろうか、座ってうずくまっている人間が描かれている【5〜12】。それぞれの作品に苦悩や苦闘がありありと表現されている。

2〈井上雅晴のつら〉

3〈空にのびる木〉

4〈生きもの〉

5〈自画像〉

6〈自画像〉

7〈自画像〉

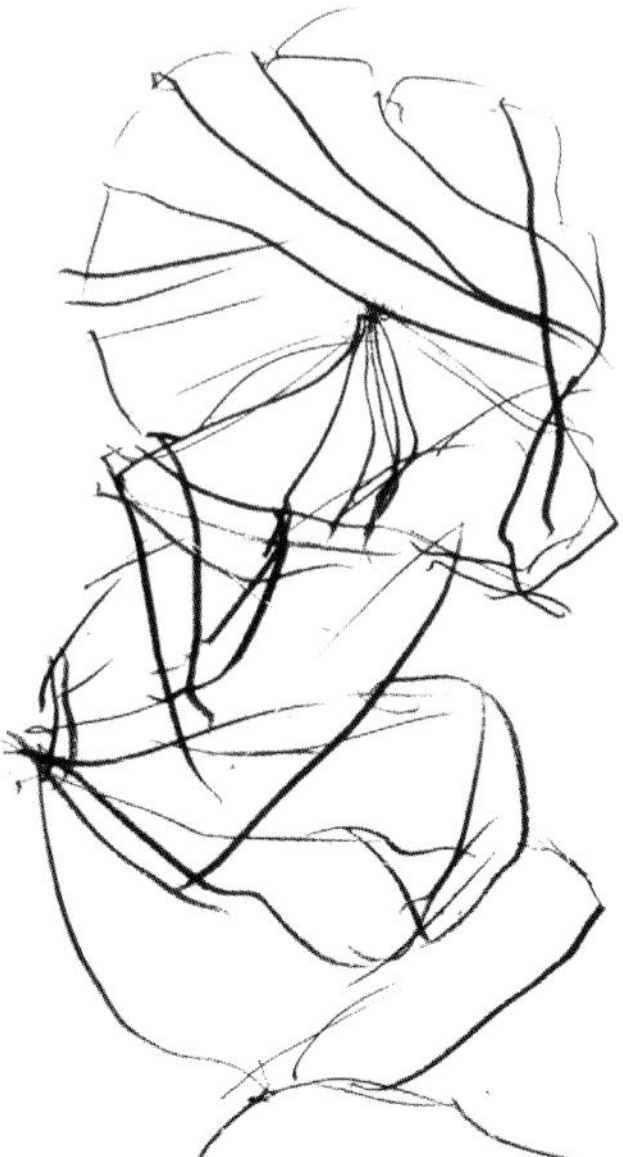

8〈自画像〉

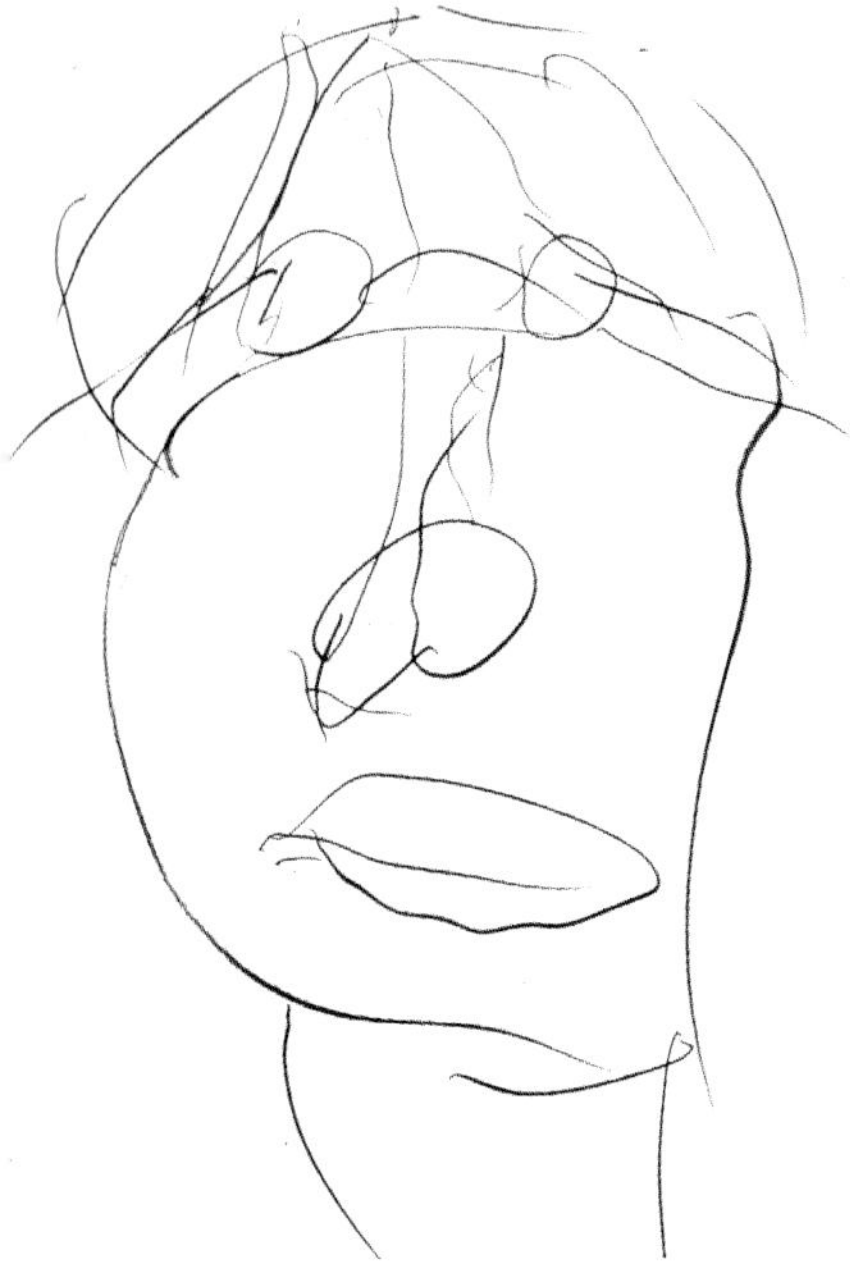

10〈自画像〉

9〈自画像〉

11〈友〉

12〈友〉

卒業制作「敗北」

十一月中旬、母親と一緒にF五〇号（一一六・七㎝×九一・八㎝）のキャンバスを持って来る。まるでキャンバスが踊っているように歩いて来る。戦いにでも出かける人のように、「俺にも描けるぞ」と言っているかのようであった。

八分どおり描き終わった時、初めて「敗北」という題名の作品だとわかる【13】。卒業までには仕上がらず、完成したのは卒業後の五月であった。

一月ごろ描いているところをビデオに撮させてもらった。今まで養護・訓練の先生が撮らせてほしいと頼んでも拒否していたらしいが、ふたつ返事だった。生き方に一応のふっきりができたこと、また作品づくりに自信もできたのだろうか。

ふうふうと、五十号のキャンバスを持った雅晴が教室に入って来る。キャンバスをバサリと置く。すでにカーペットは敷かれ、絵の具箱は置いてある。絵の具箱をバタンと開く。キャンバスは床に斜めに置かれる。絵の具箱から絵の具、パレット等が出される。パレットに絵の具が絞られる。絵の具が混ぜられる。キャンバスを動かしながらぐいぐいと塗られていく。描いているうちに目と手が協応してくる。一ヶ所塗り終わるとキャンバスをずらす。油が油さしから注入され、絵の具が混ぜられる。描き終わるとチューブの蓋を締めパレットが拭かれ筆はビール瓶の中に入れて洗われる。油さしや瓶を使ったりするのは雅晴が考えたものだ。この間四十分、初めから見るとずいぶんスムーズになっている。その後作品について聞く。「敗北」という題名の作品であること、興味を抱いているヒトラー

13〈敗北〉

が失脚した時の無念さと自分の置かれている境遇をオーバーラップさせて描いた、ということだった。私は雅晴の話を聞いていて、『夜と霧』『アンネの日記』などで、アウシュビッツのこと、障害者は虫けら以下に扱われたということも知っているのに、なぜヒトラーなのか理解できなかった。

作品「敗北」は、デッサンを基にして再構成して描いた。描きながらもつぎつぎと変化していき、六ヶ月あまりかけて仕上がった。線は踊り、朱・緑を主として色彩は鮮やかである。悲しみ、苦しみ、悶えを何十枚も執拗にデッサンしながら、揺れ動く気持ちをどうにか表現しようとした。

両手をあげて「もうだめだ」というような形ではあるが、躍動的で明るく生命力にあふれている。色彩も自由でのびやかだ。造形的ということより、それ以上に自分の描きたいものを描いている。胸のところにも目があり、そこにあふれる涙は自分の涙だという。たとえどんなに造形的に問題があったとしてもこの涙は消せないという。雅晴の中に徹底して描きたいものを描くという意志を見た。雅晴の生きることへの自信ともなった。

五月、桐生市展に「敗北」「療護園」「逆光」を出品する。「敗北」が市長賞を受賞する。記者に、「自由を愛した『ピカソ』が好きです」と語る。雅晴はこうも言っている。「進路で悩み、Yさんを勝手に好きになり、破れて、勝手に傷ついて描いた絵の『敗北』。オレの中では敗北です。しかし世の中が認めても、自分だけは認めたくないと思って描いた。その『敗北』を追求してやろうと思って描いた」と……。

卒業後の制作

卒業後すぐに授産施設へ通い始める。私はこれだけ重度なのによく入所できたと思った。施設でも仕事についていろいろ考えたのだろうが、ハンカチたたみの仕事だった。今は作業で最後の点検をしているが、それを見つけるまで雅晴には合わない仕事だったようだ。仕事が思うようにできない。言葉も意思も十分通じない。手仕事はどう考えても、能力以下の仕事しかできない。そんな悩みの中で「I（アイ）」「見学者」【14】という作品に取り組んだ。「敗北」で市長賞を受賞した前と後の人間関係を描いたという。ひとつの人間の本質を見たという。

五月の終わり、雅晴は東京国立近代美術館へ「ピカソ」展を観に行く。晩年の母と子や、女を描いた作品など、オーバーに言えば神に会ったような感じを持ったという。群馬県立近代美術館で見た立体派時代の作品よりも、より自由で好きだと言っている。

十月、東京都美術館で開かれた'83自由美術協会展に「敗北（入選）」「悪夢」「SARU（去る）」【15】を出品する。「敗北」は市展のあと、全体の色彩がおさえられる。気負いすぎていたという。「悪夢」は小学部一年の正月、療護園から帰省し園にもどった時の幼な心に感じた家の冷たさ、布団の冷たさを描いたという。しかし作品は、ピンク・黄色・白色が温かさを感じさせる作品だ。「SARU」は雅晴が四年の時に父親が亡くなり、都合で母・姉・妹と四人で家を去った。その時の無念さを描いた。自分の思いをせいいっぱい画面にぶっつけたという。レセプションで井上長三郎先生に「とにかく今までのように自由にど

14〈見学者〉

15〈SARU〉

んどん描くこと、せいいっぱい画面にぶっつけることだ」と言われた。上野省策先生には「思っていることを、なにものにも捉われず、とことん描いてみることだ」と激励された。雅晴はこういう会に参加したのは初めてだった。このことは作品を作る上でさらに自信となった。

一九八四年二月、丸木美術館を見学する。原爆の図を見て赤の使い方、黒の重たさが原爆の悲惨さという主題を明確にしていることに感激したという。

三月、手を加えて日本アンデパンダン展に「SARU」「屈辱」を出品した。批評会に参加する。

生命を謳う

埼玉県立近代美術館で、ジェームズ・アンソール展を見る。「赤いキャベツ」という作品に魅せられる。キャベツが大きく描かれているが不自然ではない。なによりも色彩がきれいだという。骸骨のある作品も気持ちが悪いとか異端の絵とはひとつも思わなかった。描きたいものを描いているすばらしい作品だという。このころから、色彩により興味を持ち出す。

丸木美術館をもう一度訪れる。アウシュビッツの作品に魅かれたという。殺戮とした残忍さをどう表現しているのかよく見た。ヒトラーへの限りない怒りを骨の髄まで感じたという。それとともに主題と内容のつながりに興味を持ったという。

雅晴は出来上がったと思われるものにも執拗に加筆していく。十月、東京都美術館で行われた東京展に推薦され出品する。またもや「屈辱」を出品する。鮮やかな黄色のバックは薄緑になりさらに赤く描かれる。

'84自由美術協会展に「開発」【16】「願い」【17】「悪夢」を出品し「開発」が入選する。「悪夢」は描き出されてから一年、次から次へと手を加えたものだ。色彩はくすんでいるようにも見えるが透明だ。「開発」は、自分の身の周りのものから初めて脱出したものだ。緑、茶の大地の中に、強烈なトラクターの轍が転々としている。「願い」は青っぽい画面に、白の線が無数に、縦横無尽に描かれたものだ。雅晴はテーマの広がりとともに、次第に形のないものに向かっている。今までは身近なテーマがそこにあった。また悲しければ、泣いているところをどうしても画面に入れねば満足できなかった。その雅晴が形や色の響き合いを考えながら、作品を作るようになってきている。

作品「願い」は漠然としたものだという。私は以前のようにはっきりした主題ではなく、障害を持っているゆえの差別や自分ができないことのあまりにも多い複雑な気持ちを作品を作る中で、明確にしていくことを、この作品で意識化してきたのだと思っている。

アンデパンダン展、東京展、自由美術協会展、群馬県展、桐生市展などに入選。現在も入選し続けている。

自由美術協会展では二度佳作に選ばれている。

16〈開発〉

17〈願い〉

霜田隆弘

全身を鉛筆に込めて

「その子らしい作品」は、その子どもしか持っていない内面を突き動かすドラマがある。ドラマは、どの子どもも必ず持っている。

隆弘は高等部三年、重度の脳性マヒである。寝たきりで言葉もなく、食事も排泄も日常生活全てにわたって介助が必要である。「イエス」は右手を上げる。「ノウ」はあかんべをする。その他コミュニケーションは文字盤を使う。拗音、促音などまで正確に指せるまで試みる。思うようにいかなくともいらいらすることはない。私達介助者のほうがいらいらしてしまうことが多い。私など途中で面倒くさくなって、適当に言うと、あかんべをされてしまう。聞くことは日常会話を全て理解していた。

冗談が好きで文字盤を使ってたとえば、「かっちゃんかつぶし、かつ、かつ、かつ」と指でさす。ただの洒落や冗談かと思ったら、「がつがつやるな、ゆっくりやれ」と文字盤

1〈線描き構成〉

を指す。不随意運動が激しく車椅子にも乗れないので、バギーに乗って身体を固定している。美術の時間には床に降りて寝て描く。画板を介助者が持ち、隆弘が描きやすいところへ持って行く。鉛筆を持たせる。描こうと意識するとマヒ特有の反射があり、顔と手が反対方向に行ってしまう。鉛筆は拳で握るのだが、この作品のころから指を微妙に動かして自由に描けるようになった。

心も身体も全てを鉛筆に込めて線を引く。半年くらいかけて仕上げた。線は生き生きし縦横無尽である。大川美術館館長の大川栄二さんは「線はそれが写実であれ、抽象であれ、絵の値打ちを決める命である。だが、同じシャープな線でも蚕が吐いた生糸のごとく温かく生きているのと、解けたガラスを引き伸ばした冷たくすぐ折れるような死んだ線があり、この違いが重要である。このことは描く人が、その絵に愛情を注いでいるか、単に技術だけで描いているかで決まる。絵とは不思議な生きものだ」(『美術館の窓から』)と書いている。

松島亜希生

絵に全てを描き込む

私はこの一枚の作品で、何十枚もの作品を見、何十回もの新鮮な感動を覚えた。作品づくりとは、元来そういうものなのだろう。

亜希生はデュシェンヌ型筋ジストロフィー症で、高等部を卒業後三年で亡くなった。意識が朦朧としている中で、はっきりしていることは絵のことだった。自分の描いた「飛ぶ」（グローブ）をベッドの上に飾っていた。上野省策著『ものをかく』とピカソ展のカタログを見せてほしいと繰り返し何度も訴えた。意識がはっきりしないのに、亜希生は凛としていた。最後に描いた「思い出」【1】は二十号という大きさもあってか、仕上がっていなかったが、亜希生にしてみればつぎつぎと浮かんでくるイメージを、もっと描き込みたかったのだろう。

亜希生の意識・イメージは深く、自分自身が絵の対象そのものになりきっているかのよ

1〈思い出〉

うに思えた。上手、下手よりも誠実に全力を尽くすことにあった。それは、とりもなおさず描けるまで描き尽くすことであり、さらにそのことは、生きられるだけ生きるのだということを、描きながら見い出したような気がする。亜希生は混沌とする意識の中でも、自由に精一杯生き切った。

靴とグローブ

一年の冬休み前から、三月末まで私の「靴」を描く。花のような美しいものではなく、もっと、ドロドロしたものが描きたいと言って描き始めた。亜希生は作文でこう書いている。

靴をそのまま描こうと思った。しかし描いているうちに靴というより、その中にもう一人の自分をみいだすようになっていった。本当の自分がこの靴の絵にはでてこない。それが気に入らない。前の二枚(「あじさい」と「ひまわり」)の絵には少しはでているような気がする。しかし、この絵はそのまま描こうと思っている。それが今の自分にほかならないのである。

靴を中心に放射状に一面に血のような赤が塗られていた。亜希生は、未来は血で染まっているのだと言っていたが、本当は、花のように美しいものにしたいのだ。ドロドロしたものは嫌なのだ。現実から逃げたいのだ。しかし、私はここで、しんどいことには違いないが、制作を通して自分をきちんと見つめさせなければならないと思った。亜希生はさらにこう書いている。

> この靴を描く時は、意識的にやり方を少し変えてみた。というのはこのころから油絵に対する考え方が変わってきたからだと思う。どういうふうに変わったかというと、油絵をはじめたころは、博君に近づくために、そして今は自分に勝つためにという理由でつづけている。それともう一つの理由で、この頃からほかの理由で悩みはじめていたからだと思う……。担任の先生が入院しちゃったからだ。あの二ヶ月の入院は正直いって、大きいショックだった。

亜希生は描きながら確実に生きる道を模索していた。

やがて血のような赤いバックは、大地と空になり、空は赤紫色に変わっていった。題名は「靴のある風景」【2】となり、校内の作品展に出品した。

作品展の後、靴のひも、ひだ、縫い目まで繊細に描き加えていった。靴は大地の中の山を思わせた。しかし、亜希生は本当の自分がこの絵には出ていないと言った。亜希生は靴の絵を通して、自分の心の中にある死を前提とした作品を作っていこうと、無意識のうちに深く考えているように私には思えた。

二年の四月から一年かけて、グローブ【3】を描く。グリーンの芝生の上を、ボールの入

2〈靴のある風景〉

3〈グローブ(飛ぶ)〉

ったグローブが飛んでいるイメージがはっきり浮かぶと言う。本当の自分が描けそうだとも言った。

緑、黄緑、青緑を点描のように置いて、芝生から描いていった。毎日同じように色を作り、塗っていくが、どうしても同じ色にならない。しかしそのことにこだわらない。むしろそれがいいのだと言う。

夏休みに入ってから一週間、九時に学校に来て、十二時頃まで描き続ける。絵の具をパレットに出してやりさえすれば、全て一人でする。描き始めたころ、一つひとつ手を取ってやらねばならなかったことを考えると、障害は重くなっているのによくここまでやれると感心した。休む時間の方が多いくらいなので、午前中にわずか三センチメートル四方ほどしか描けない。さすがに帰りはぐったりと疲れている。

油絵を描き出す前は、ちょっとしたことでよく荒れた。電動車椅子で、教室のドアにあたり、穴を開けたり、ガラスを割ったりしたが、あの時の苛立ちや暗い表情は今はもうない。亜希生は底抜けに明るく、やさしかった。

このころ身体はさらに弱り、一人で座っていられなかった。うしろにつっかえ棒を置いたり、特別の座布団を敷くようになっていた。トイレではわずかな時間も座っていられず、自分の身体が起こせなくなっていた。

その日の体調によって、一時間くらいぼんやりしていて筆が動かないこともたびたびあった。学校に来て、そのままマットの上で寝ていることもあった。それでも描くのだと言って学校に来た。結局休みが終わっても仕上がらなかった。

十月中旬ごろ、芝生のグリーンが全て描かれた。点描で緑、黄緑、青緑でびっしりと描かれている。

亜希生はじっと見ていて、「初めのイメージとは違う、あまりにも違う」と言った。「どう描いてよいのかわからなくなってしまった」「イメージがふくらまない」「グローブが浮いたには浮いたけど、飛んでいない。芝生の上を走っているように飛んでいない」と言う。しばらくして、「もう飛んでいるようにしたくなくなった」とポツンとつぶやいた。よく聞いて見ると、「本当は飛んでいるようにしたいけど、今の自分の技術では無理だ。もっと技術的な勉強をしてから描きたい、だから今はあきらめた」と言う。私は「飛んでいなくてもよいのではないか」と言った。

しかしそうは言っても、亜希生はまだあきらめきれない。「その代わり違う形で、グローブが自分の気持ちを、姿を語っているようにしたい」「それには、バックをグローブの反対の色にして、少し目立つようにするか、引っ込むようにするか、どちらかである。今迷っている」と語った。

私は「作品は、描きながらイメージをふくらませていくものだ。形式的に飛んでいるように描くより、自分の気持ちを、姿を語っているように描いた方がよい」と話した。しかし亜希生はどうしても納得できないようだった。歩けなくなり、車椅子になり、這えなくなり、いざれなくなり、電動車椅子でしか動けなくなった自分を、飛んでいるグローブに託していたのだろうか。

確かに、技術を覚えれば的確に飛んでいるように描けるかもしれない。しかし単に技術的にうまく描いてもイメージが豊かに表現できるものではない。飛行機が飛んでいるように描けることだけが、飛んでいる表現ではない。グローブが飛んでいるという自分の思いを、願いを、精一杯キャンバスにぶつけてみる。そして、その完成への思いが深ければ深いほどつぎつぎに新しいイメージがわいてきて、どんな稚拙な技術でも思いが通じてすぐれた作品ができるはずだ。誠実にあきらめずに描いていけば、亜希生の描写力で充分それは描けるはずであり、飛びたいという亜希生の気持ちを深く追求できるのではないか、と思った。

群馬県立近代美術館でサンパウロ展を見た後、亜希生は「バックを変える」と突然言い出す。「グローブを茶色の空に浮かんでいるようにしたい」と、茶色と焦茶色と黒を混ぜ、「これでイメージが決まった」と言っていた。

そして亜希生は、全面的に描き替えるのだと言い、六ヶ月にも及ぶ膨大な作業を自ら否定し描き始めた。

この決断力は、いったい何だろう。私なら全て否定などせず、それをどう生かせるかと考えるだろう。六ヶ月もかけ、こんなに苦労したのだから。しかし亜希生の気持ちは、明るい画布にグローブが飛んでいるのではなく、靴を描いた時にも言っていたように、本心はもっとドロドロした複雑な心境だったのだ。この作品も結局、現実を凝視した自分に向かって描かれることになった。亜希生は、現実に真正面から立ち向かい出したのだ。背景は、その日によって茶っぽかったり、黒っぽかったりしていた。だんだん塗りつぶされていく中で残った芝生の緑が美しかった。少しずつ緑がなくなり、焦茶が増えていくどの瞬間も美しかった。私はここでやめておけばと何回も思った。「美しいねぇ」と何度か言ってみたが、亜希生は何も答えず黙々と描いていた。鋭い目つきを見ていると、描く行為そのものが、現実との戦いにさえ思えた。以後私は何も言わなかった。

二学期が終わったが、亜希生は「まだ描く」と言う。

グローブは三年の四月いっぱいで仕上げられた。仕上がる直前、グローブの隙間にまるい窓のように緑が残された【6】。ここで完成かと思ったが、それも薄い焦茶色に塗られた。結果として作品がしまった。グローブも、焦茶色で影などが描かれ、背景と調和した。

この作品は私の予想をはるかに超えたものになった。私はこの一枚の作品で、何十枚もの作品を見、何十回もの新鮮な感動を覚えた。作品づくりとは、元来そういうものなのだろう。グローブは、飛行機のように飛んでいる。暗い茶色、嵐のような空、わずかに光のある美しい闇、その中を明るいグローブがゆったりと飛んでいる。亜希生の思いが見事に作品【7】となった。

その後「恵美子」【4】「思い出(生きてきたみちすじ)」「仮面」【5】を描く。「飛ぶ(グローブ)」「思い出」を桐生市民展に出品し受賞する。

4〈恵美子〉

5〈仮面〉

油絵　松島亜希生

自分の絵が入選したから言うわけじゃないけど、絵に自分の全てを描き込んだってことはいえる。だから自分の絵を、おおぜいの人の前に、自信をもって見せるだろうと思う。うまいか、へたかを言われたら、まだまだへただけど、でも全力をつくしている。

これだけはだれにもまけないつもりです。

ハッキリ言って絵を描くのはきらいです。でも絵ができあがった時は、まんぞく感というか、とにかくものすごくいい気分になれます。だから絵を描くことがどんなに苦しくともがまんして描きつづけられたのだと思います。そうでなかったらあきっぽい自分のことだから、油絵なんかとっくにやめたんじゃないかと思います。

絵を描いている時って、なにもかも忘れて、その絵のことだけを考えるから、頭の中がもやもやしていてもすぐにスッキリできちゃう。描くのが苦しければ苦しいほど、その絵にうちこめるから不思議です。

田村　晃

心の中の本当の気持ちを描く

晃の対象に迫るエネルギーは、我々には到底及びもしない。晃は納得するまで描く。追求する〝なかみ〟があるのだ。イメージがつぎつぎと生まれてくるのだ。

晃はデュシェンヌ型筋ジストロフィー症である。筋ジストロフィーの中でも最も重症と言われている。生まれた時は異常がないが小児期に発病し、筋肉が萎縮していく。晃は、小学校二年から歩行が困難になり、翌年には自力で車椅子に乗れなくなる。中学部に入り車椅子もこげなくなってしまった。高等部に入ったころには筋萎縮がかなり進行して身体は変形し、わずかに指先が動かせるだけになっていた。夜など、背・腰、身体全体が痛くて、ひっきりなしに寝返りしなくてはならない。しかし、自力でできないので、父母、本人もほとんど寝られなかったという。

私が晃を直接教えたのは、高等部三年になってから美術の授業の週二時間だけであった。

以前の作品ではっきり覚えているのは、二年の時にこうもり傘に大きな雫が一つ描かれているものだ。なんの変哲もなさそうな絵だが、私には大きな涙がぽつんと一つあるようで、とても寂しく見えた。晃は無口であった。廊下で行き合って、声をかけても、にこにこしているだけで、ほとんど口を開かなかった。晃の心の中には、悲しみをいっぱいたたえているような気がしてならなかった。

初めての授業で、上野省策著『ものをかく』を読んだ。

〈ほそい柱の上にのっかっている大きな石。いったい、この石は、どんな気もちでいると思いますか。いつ柱がたおれるか、いつころげ落ちるか、とてもハラハラドキドキした気もちでいると思います。

この絵は、わたしの心を表現したものです。わたしの心のなかには、この絵が語っているような、すっきりとしない、そして不安でさびしい気もちがいつもありました。ある日、さんぽのとちゅうで、道ばたにころがっている大きな石を目にしたとき、その石がなぜか自分のように思えてきました。……わたし自身のなかにある、なにか不安な気もちとこの大きな石がむすびついて、このような絵ができあがったのです。みなさんも自分たちの心を絵にかいてみませんか。

うれしいとか、悲しい、たのしいとか、さびしい、おそろしいとか、はらがたつなど、いろいろ表現してみたらいいと思います。わたしは「もの」をつかって、わたし

の心を写真のような絵で表現してみようと思い、今日までながい間かきつづけてきました。〉

ここまでの文章と絵ですでに生徒達は吸い付けられていた。『ものをかく』の解説に次のように書かれていた。

〈芸術という仕事は、自分の心のなかにあるほんとうに言いたいことを、できるだけはっきりと表現することである。……うまい、へたはわたしにとっては大した問題ではないように思われます。ひとりひとりが、自分の心のなかのほんとうの気持ちを、生き生きと表現しあうことがこれからの人間の世界で、そしてみんなの人が生きてゆくために大切なことではないでしょうか。〉

次の時間、晃はしばらく考えた末、「石井先生の靴を描く」とぽつりと言った。「どうして描くの？」と聞くと、ただにこにこ笑っているだけであった。その靴はもう何年も履き、外では履けなくなったものを、上ばきにしたのだが、今では上ばきとしても使えなくなり、教室に放ってあったものだ。紐もちぎれ、底もすり切れ、糸まで出ているよれよれの靴だ。「靴を描く」と言ったのは、ただなんとなくだったのかもしれない。描きたいものが見つからなかったのかもしれない。『ものをかく』の表紙に掲載されている軍靴の絵に影響を受けたのかもしれない。あるいは、このよれよれの靴の中に、鮮明なイメージがあったのかもしれない。

指先しか動かすことができなくなり、ただ生きているだけでも大変な障害に耐え、黙々と生きている晃自身の気持ちを、自分でも整理できないであろう気持ちを、私はこの靴で明確に表現させたいと思った。作品を創るということは、まさに〝自分自身どう生きているか〟という証なのだから。

私のできることは、最小限の助言で晃が描くのを見つめていることだと思った。

自分では動かせないので、私が靴を机の上に置こうとすると、あの無口な晃が、真正面に並べさせたり、脱ぎっ放しのように置かせたり、いろいろ注文をつけた。結局横に並べて、少し見下ろした感じで描くことになった。この置き方は亜希生の構図に似ていた。亜希生は一年から二年にかけて私の靴を描いたのだが、そのイメージが頭の中にあったようだ。「亜希生の描いた靴に似ているね」と言うと、照れたような表情でにこにこしていた。

私は晃に薄く鉛筆で全体を描き、次に部分を描くようにすすめた。晃はなおざりに見るのではなく、よく確かめてから描いた。描く時間より、見る時間の方が明らかに多かった。私の経験では、ほとんどの生徒は、手ばかり動かしよく見ていない。晃はよく見つめ、頭の中で整理してから描いている。

靴は、五・六時間で仕上がったかに見えた。私はこんなに描けると思っていなかったので、心の中で靴を描かせてよかったと思っていた。しかし、なぜか晃は気に食わぬらしく、全部消して描き直し始めた。靴の柔らかい感じ、履き古した靴の微妙な汚れ、皺などがうまく表現できず、気に入らなかったらしい。もう一度同じ構図で、十時間ぐらいかけて仕上げた。明らかに前の絵を超えた、晃の誠実で繊細な感覚が伝わってくる作品となった。

晃はこの作品で自信を持ったようだ。油絵で描きたいと言い出し、キャンバスに向かった。デッサンは、画用紙の時よりしなやかで、存在感があった。対象を見る目が厳しくなっていったのだろう。靴を塗り終わったところで、夏休みに入ってしまった。

晃は描くこと以外、絵の具を出すことから、片づけるまで全てできなかった。夏休みも何日か学校へ通って描いたが、お母さんに準備と後片付けの仕方を覚えてもらい、家で仕上げた。夏休み以降はもう体力もかなり落ちていた。

仕上がった「石井先生の靴」【1】は広い大地の上に、ゆったりとやさしく置かれていた。茶色とセピアと焦茶と、グレーの混ざった靴、焦茶の大地、色数は少ないが色彩が豊かだ。上の方はかすかに渦巻きのようになっている。それが単調さをなくすとともに、未来につながるものがそこにあるような感じを持たせる。まるで晃のゆったりとした、おおらかな生きざまを示しているかのようだ。まぎれもなく障害に打ち克っているものの姿なのかもしれない。

晃は、この絵を完成したと思っていなかった。どう描いてよいかわからなくなったので、とりあえず終わりにしたと言っていた。

次に「三井先生」【2】を描く。私としては珍しく、全員の題材にした。画面と三井先生

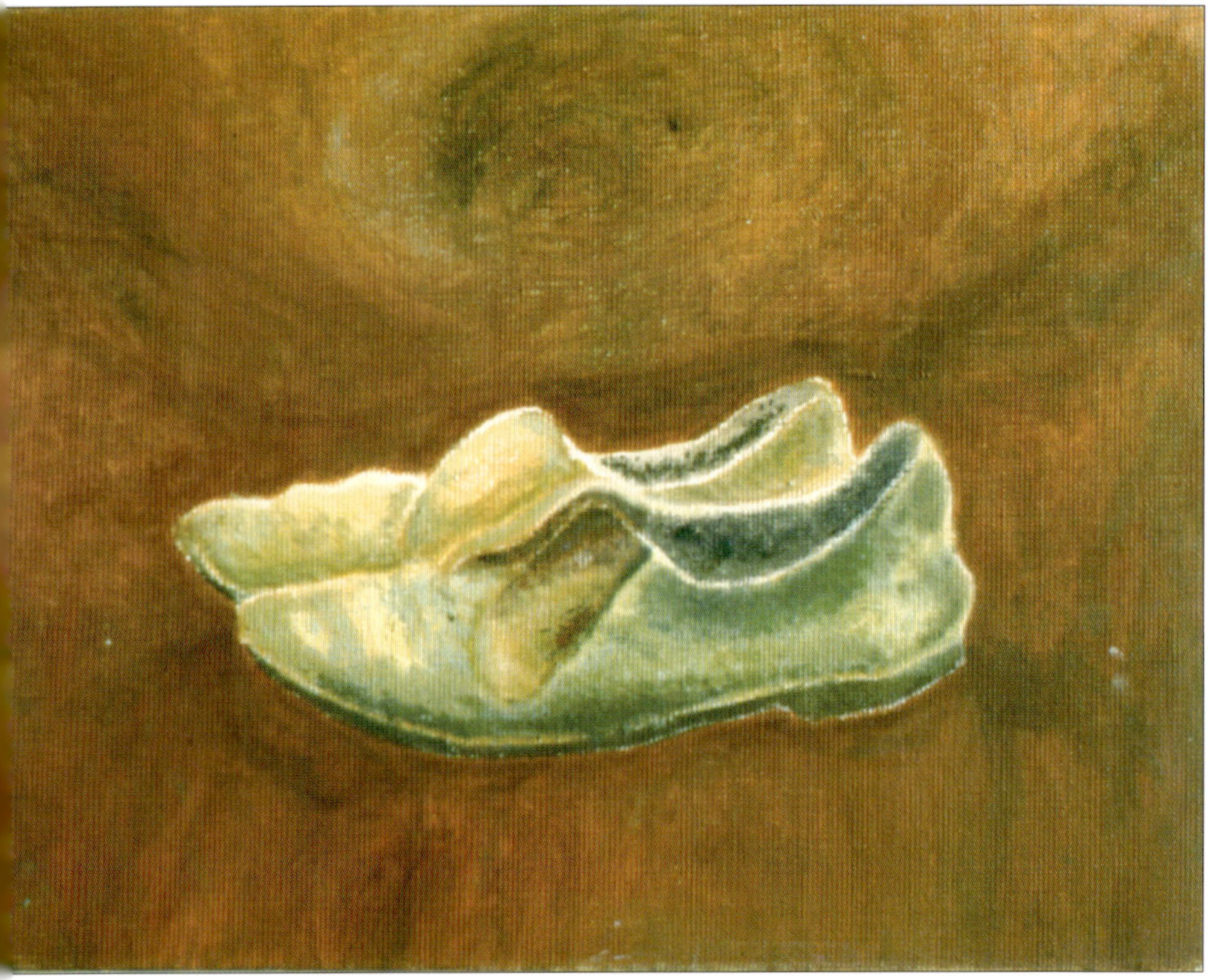

1〈石井先生の靴〉

2〈三井先生〉

をしばらく見つめていたが、額から描き始めた。私は晃の描写力に目を見張った。繊細な、鋭い線。髪の毛の柔らかさ、顔の表情、ワイシャツの質感までよく出ている。しかし、また靴と同じように全部消し、描き直し始めた。描きながらイメージがどんどんふくらんでいくようだった。四・五時間で仕上げた。できあがった作品は、やはり前の絵よりはるかに鮮明だ。

すでに体力がなかった晃にとって、鉛筆を動かすのも大変、まして消しゴムで消すなど、なお大変なことだった。晃が対象に迫るエネルギーは、我々にはとうてい及びもしない。晃は納得するまで描く。追求する〝なかみ〟があるのだ。イメージがつぎつぎと生まれてくるのだ。敬愛する三井先生と晃のやさしさ、強さが描かせたのだ。周りのものが目を見張った。

十一月十九日の十時半頃、県立近代美術館で県展の仕事をしていた私に、学校から田村晃が亡くなったと電話があった。予期されたことには違いないが、あまりにも早すぎた。十八歳であった。

亡くなってから八日後に、晃の家を訪ねた。運動会の練習や職場実習などで美術の時間がつぶれたために、キャンバスを家に持ち帰って描いていた「三井先生」の油絵があった。画用紙のデッサンよりリアルな晃の描写に驚かされた。晃は「まだまだデッサンが足りない」と言っていたという。明らかにより高いものを求めて描いていた。晃は模索し、追求し続けて亡くなった。

天沼高義

生きることの意味

障害が重くなればなるほど、精神はしなやかに自由になっていった。想像を絶する孤独、不安、恐怖におののきながら、表現をとおして、より深く自分を見つめ、未来を切り開いた。

高義はデュシェンヌ型筋ジストロフィーで、二十五歳で命を閉じた。群馬県立第一養護学校（現あさひ養護学校）高等部一年から十年間に百二十点あまりの絵と百七十三編の詩を残した。私は高等部三年間、担任・美術の教師としてだけでなく、卒業後も死の当日までともに過ごした。

高義は高等部入学の時に電動車椅子でなければ移動できなくなり、指先もわずかに動くだけになっていた。障害の進行に耐えきれず、周りの人にあたりちらしていた。そんな時、絵と詩に出合った。

何人もの先輩が質の高い作品を作る中で、苦しみ、もがきながら障害に立ち向かい、生きる道を探し求めていた。その生き方と作品を高義は知っていた。

銀河の白鳥

一年生の初めに「石井先生」、「静物（カスミ草と辞書）」、「ヘルメット」の三点を描いた。対象をよく見て描くことによって、今の自分をありのままに見つめてほしい、亜希生や晃のように描くことで少しでも今を充実してほしいと願った。しかし高義は、「見て描いたのでは自分の気持ちは描けない、心の中にあるものを描くには空想のほうがいい」と言い、六月に湖に泳いでいる「銀河の白鳥」【1】を描いた。自分の頭の中にある映像を複写すると言う。深い森の中にある湖に白鳥が二羽泳いでいる。幻想的に描きたいと言って描き始めた。山と湖の手前に森が描かれ、二羽の白鳥が仲良さそうに泳いでいた。描いているうちに森がなくなった。山は何度も青や緑で塗り直されたが、どうしてもできあがらなかった。高義は「俺のイメージとは違う失敗作だ」と言った。私もそう思った。あまりにも現実から逃げている。少女趣味のように思えた。

あとから知ったことだが、そのころ高義は病気のことについて深刻に考えていた。病気が悪化すれば、やがて辿り着くのは死だ。死にたくない。死に対しての恐怖心があった。しかし、感情を見せたくなかった。悟られるのが嫌だった。孤独だった。そのことを他人に言ってしまうと絵が描けなくなる。他人に心の中まで踏み込まれないように必死で描いていた。私は寂しさや孤独はわかるがすぐれた作品だと思っていなかった。作品は完成さ

1〈銀河の白鳥〉

れたものでなくていい、デコボコでもかまわない。その中に作者の切実な「思い」が造形としてほとばしるように出ていることが重要なことなのだと思っていたのだが、高義の心の中は汲み取れなかった。

美術教育の会で「自分の死を直視するなんて到底できない、『生きる』という希望があってこそ生きていけるのだ。もっと魂の底から苦しい、寂しいと叫んでいく二人の関係がなければならなかった」と言われた。

そのことを高義に話すと、「今まで悩みを他人に相談したことは一度もない。これからもないだろう。相談相手がいれば絵を描く必要はない。また、見た人が何も言わないから何も感じていないなどと言えないよ。話すと矛盾だらけになるかな……」と言った。「一緒に苦しもうよ、などと言われたら嘘っぽいよ」とも付け加えた。

銀河の白鳥

古くから悲しい夏が終る時
銀河から白鳥が舞い降りる
と言う伝説があったね

名も知らぬ湖に行った時
二人の白鳥がいたね
愛の終りを悟っていたかのように
僕は思わず
声をかけてしまった
「夏が終ったようだね」
そこには白鳥の影もなかった

古くから悲しい秋が始まる時
銀河へと白鳥が去って行く
と言う伝説があったね

絵を描いてから一年後に書いた詩である。

生きることへの執着

三年の十月には、高等部二、三年生による関西方面への修学旅行があったが、二年生の筋ジストロフィーの内山と高義の二人は行けなかった。病状はますます進行していたが、高義は、細く長く生きるか、太く短く生きるか選択させろと迫った。しかし、結局はドクターストップで行けなかった。みんなが修学旅行に出かける日、高義はあからさまに態度に出して、学校から抜け出した。そのころ、次のような詩を書いた。

嫌われたくって　嫌われたくて

死にたくって死にたくって
死にたくって死にたくって
死にたくて死にたくて
死にたくて
死にたくて死にたくて死にたくて
死にたくて死にたくて死にたくて死にたくって
死にたくて死にたくて死にたくて死にたくって
死にたくて死にたくて死にたくって
死にたくて死にたくて死にたくて
死にたくて死にたくて死にたくて
死にたくって死にたくって
死にたくって死にたくって
死にたくって死ねたとしても

死に、嫌われてしまいそうだ
死にたくって死にたくって
死にたくって死にたくって
死にたくって死ねたとしても
死に、嫌われてしまいそうだ
死に、嫌われてしまいそうだ
嫌われてしまいそうだ
嫌われてしまいそうだ
嫌われてしまいそうだ
嫌われてしまいそうだ

私は「嫌われたくって」を、「嫌われたくなくって」と、「死にたくって」を、「生きたくって」と読んだ。高義の生きることへの意志と執念を見るような思いだった。

みんなが修学旅行に行っている間、本人の要求で朝から一日中カレンダーの絵を水彩で描いた。表紙は青、黄色の花が咲いている。五月はくすんだ鯉のぼり、八月は具体的な形がなく、赤、青、黄色がきらびやかに塗られた。十一月は紙飛行機が夕焼けに飛んでいた。

紙飛行機

なくなったと思っていた
古いスケッチブックの中から
一枚の似顔絵が
紙飛行機となって飛んでゆく
空には雲が流れて
紙飛行機のゆくえを
見守るかのように
紙飛行機飛んでゆけ
風が激しくたって
紙飛行機飛んでゆけ
雨が激しくたって
似顔絵のあの人に
たどりつくまで
空には思い出が流れてゆく

次の美術の時間に自分の心を描くと言った。私は、板に寒冷紗と胡粉と膠で作った画材に、透明水彩で描くように勧めた。高義の今の心境を描くには油彩のように時間をかけないで、微妙な色彩の出るものがいいと思ったからだ。今まで具象を描いていたのに、この作品は八月のカレンダーのように、具体的な形はなかった。カンディンスキーやモンドリアンの鑑賞の影響もあったのだろうか。

あとから高義は「初めなんとなく黒い色で線を引く、そうしていたら黒い階段になった。階段をのぼりつめたあとどうするか、そんな気持ちになっていった。明るい未来を描こうとしたのに、死に近くなっちゃった」と言う。

その時、黒い格子のような線の間に白い炎のような色が塗られていた。

また、こうも言った。「そのころ、絵を描いている時もイライラした。なんでイライラするのだかわからなかった。描いたあとの喜びというのか、充実感があるというのは間違いないが、絵を描くのが好きでなくなった」。作品は「階段」【2】と名づけられた。私はここでも作品の中に黒い線、白い面の中にわずかにある青を見つけた。そしてその中に生きたいという希望、願いを表しているような気がした。

このあと「階段」と同じ材料で、静寂な色彩の「ザクロ」【3】や、繊細な色彩で、ユーモラスで軽やかな感じさえする「人（歩く）」【4】「飛べない鳥」を描く。その状況の中で、こういう作品を作るのは、強靭な生の意志と自由、優しさ、詩的想像力が描かせているのだと思った。

2〈階段〉

3〈ザクロ〉

4〈歩く〉

5〈白い滑り台〉

7〈吉岡先生〉

卒業前のこと

卒業前の二月二十二日、美術の時間に三月二十日の卒業式まで毎日絵を描きたいと言った。まず一年生の六月に描き始め、何度も中断していた校庭の楡の木「白い滑り台」【5】を描いた。自分の身体が弱っているから、こんもりと繁った木は描けないと言って、中断していたが、その絵を一年半ぶりに一気に仕上げた。

そのころ、高義は卒業にあたっての不安から、ますます生きることに恐怖・不安・苛立ちを感じていた。その気持ちが空を赤と青の対角線で分けた。最初はそれは「夕日と青空であり四季である。青は春、赤は夏、秋は枯れ木、冬は白い滑り台である」と言っていた。しかし、ほんとうは生と死を象徴するものであった。

高義は授業の中で初めて死のことを友達の前で自ら口にした。話したあとの安堵した顔は忘れられない。空を対角線で分け、地面になる寸前に鉄棒があるが、鉄棒の下が白く塗られていた。今までどうしてもそこは白く抜いておきたいと言っていた。不安定にしておきたかったと言っていた。その日、白く抜いていた部分に黒色が塗られた。逃げたいという気持ちを終わりにしたいために描いたという。画面は安定し、引き締まった。

次の日から授業をもらって卒業制作「壁」【6】と「吉岡先生」【7】の二点を同時に毎日のように描いた。時間が足りないと言うので放課後まで使い、家の人に迎えに来てもらって描き続けた。卒業式の前日も四時間描いた。私は倒れるのではないかと心配していたが、これで油絵を描くのは終わりだと言って描き続けた。

6〈壁〉

私は卒業制作を描くにあたり、卒業後何をするという予定もなく命が限られ悶々としている高義に「これからどう生きるか」と執拗に迫った。高義はこの作品を作ることに悩んだが、まず、自分の机にできた偶然の傷をそのままコピーした。その傷に人間の顔をイメージした。「描くものに困って、じっと机を見ていたら顔に見えた」と言う。高義はこの傷に異常にこだわった。机の傷をそのままトレーシングペーパーに写す。それをいろいろな大きさに拡大する。「見て大きくすれば」と言うと「それはダメだ」と言う。「机にあるそのままの傷が大事なのだ」と言う。初め水彩で描く。コピーした顔を中央に写す。同じ形を反対にして、対称的にもう一つ写す。「左が男で右が女だ」と言う。次に油彩で描く。大きくコピーしたもの、小さくコピーしたもの、左右上下いろいろな形で、いろいろな方向でキャンバスいっぱいに転写される。「横顔、真正面の顔、後ろ向きの顔、牙のある顔などさまざまな顔だ」と言う。

今までにない動きのある半抽象的な作品だ。顔は黒と赤で描かれ、周りは山吹色と明るい黄土色で塗られた。まるでクレーの絵を思わせた。しかしその後、赤、ピンク、青、灰色、黄色などでつぎつぎと塗られた。嵐のような勢いのあるものになった。最後の日(十九日)、画面中央の上から三分の一くらいのところが緑に塗られ、黄色の帯が中央からやや斜め上下に塗られ、黒い面が中央に現れた。作品はがらっと変わった。

高義は最後まで自分の作品と格闘していた。初め「墜ちる」という題名だったが、そういう気持ちも乗り越えてここでも自分を否定し続け、新しいものを作っていった。机の傷へのこだわりは、今ここに〝生きている証〟だった。「墜ちる」は完成した後「壁」という題名に変えた。

「吉岡先生」は赤、灰色、青の頬、顔の半分が黒で塗り分けられ、大きな白い目、黒い瞳が点描のように描かれた。人間の顔は高等部に入学した時に描いた「石井先生」、二年の時に十二指腸潰瘍で入院し、身近に死を感じた時に描いた「レクイエム」(看護婦)の他は描いていなかった。しかし、最後にこの顔を描く気になったという。それきりであとは語らなかった。

高義は精根を尽くして描いた。その「顔」と卒業制作の「墜ちる」をとうとう仕上げた。二つとも今までになく、絵の具が厚く塗られている。これでもか、これでもかというように、執拗に絵の具が重ねられた、すさまじい作品だ。高義は今までこういう厚塗りはしなかった。むしろ嫌っていた。

卒業式のあとの打ち上げパーティーの時、この「顔」は吉岡和子先生であると語った。いちばん好きな人をそれぞれ本音で言おうという話が、生徒達の中から出ていた。そのことを主張したのは高義だった。高義の番になった。なかなか話さなかったが、ぽつりと照れくさそうに言った。その後「この絵は先生にあげます」と言ったと、こっそり吉岡先生から聞いた。高義は自分の作品は誰にもあげない、学校にも残さない、全部持ち帰ると言ったが、この作品は別だった。その日、「顔」「壁」とも一応区切りがついたと晴れ晴れと笑った。

〈目覚まし時計〉

高義は、「卒業にあたって」という文の中で、絵と詩に生きると宣言した。高義は高等部三年間に三十点あまりの絵と、百二十篇あまりの詩を書いた。絵も詩も自分の心情を絞り出すようにして書いた。

卒業後のこと

その高義が卒業後八ヶ月、絵も詩も書かなかった。描く気持ちにもならなかった。マンガの他、本らしい本もほとんど読まなかった。立つことも座り直すこともできず、家で一人座卓に座り、ただ暇にまかせてテレビを見たり、「安全地帯」のテープを聞いていた。オーバーに言うと「息をしているだけだった」と言っている。高等部の三年間、特に最後の一年間で力を出し尽くしてしまったのだろうかと私には思えた。その高義が十二月中旬頃から堰を切ったように描き出した。翌年の七月までに、鉛筆デッサン、クレヨン、水彩と三十三枚描いた。一月を例にとると、描かなかった日は、外出した十一日、十八日、二十五日の三日間だけだった。その後も休まず作品を描いた。詩も書き始めた。いっきに描き出したのは「ただむしょうに描きたかったからだ」と言う。「どんなに感動して描きたいものがあっても、描く時は客観的にならなければ描けないことがわかったし、また、描きながら感情が直接指先にひびいてくるような感じを持つようにもなってきている」とも言う。「目覚まし時計」「ベル」「はやとうり」「コード」「さそり」「大腸」「悪魔の手」「化石」「ヘビとねずみ」「無題」など身近なものから幅広く手当たりしだいに描いている。

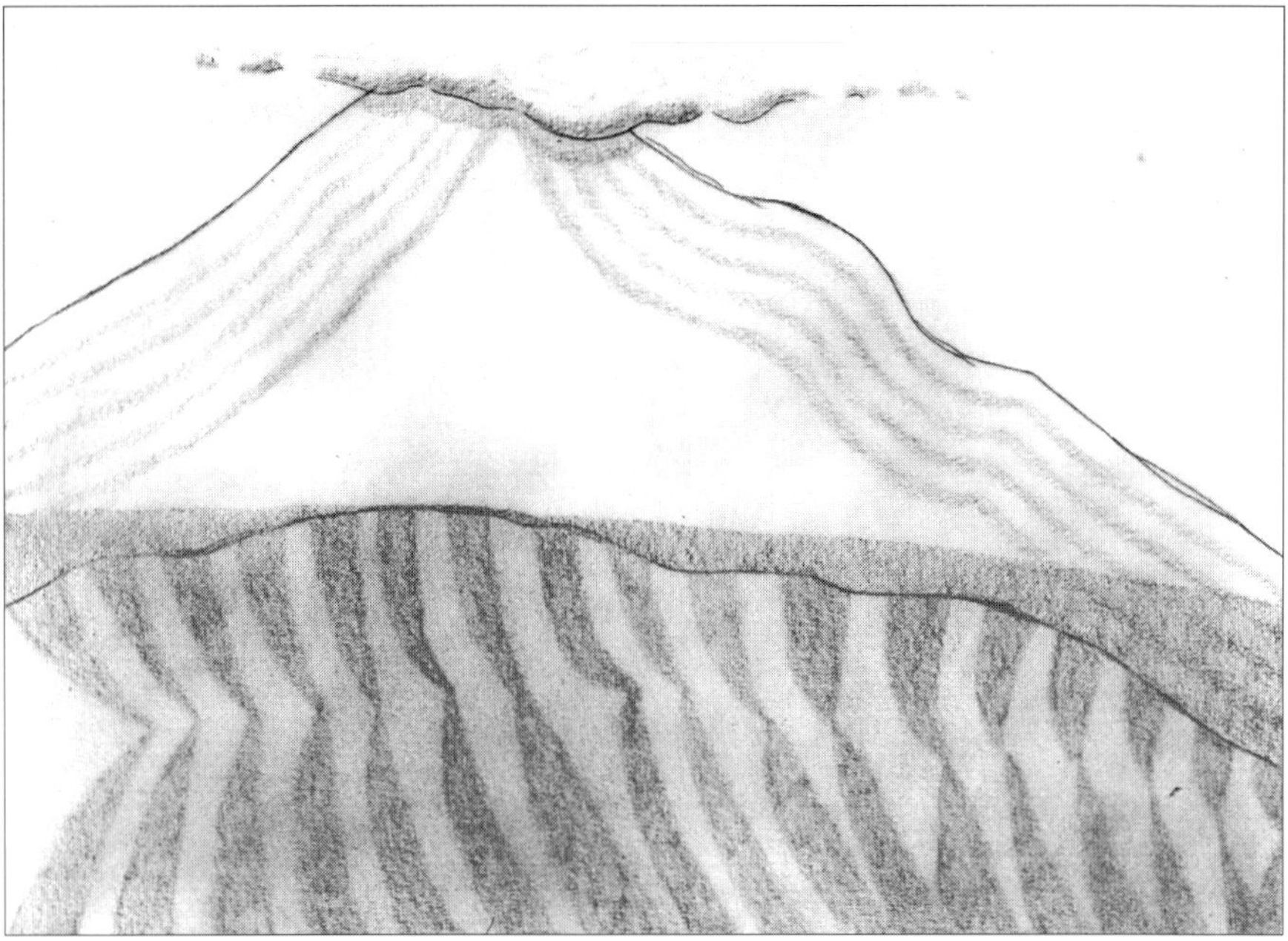

9〈駒岳〉

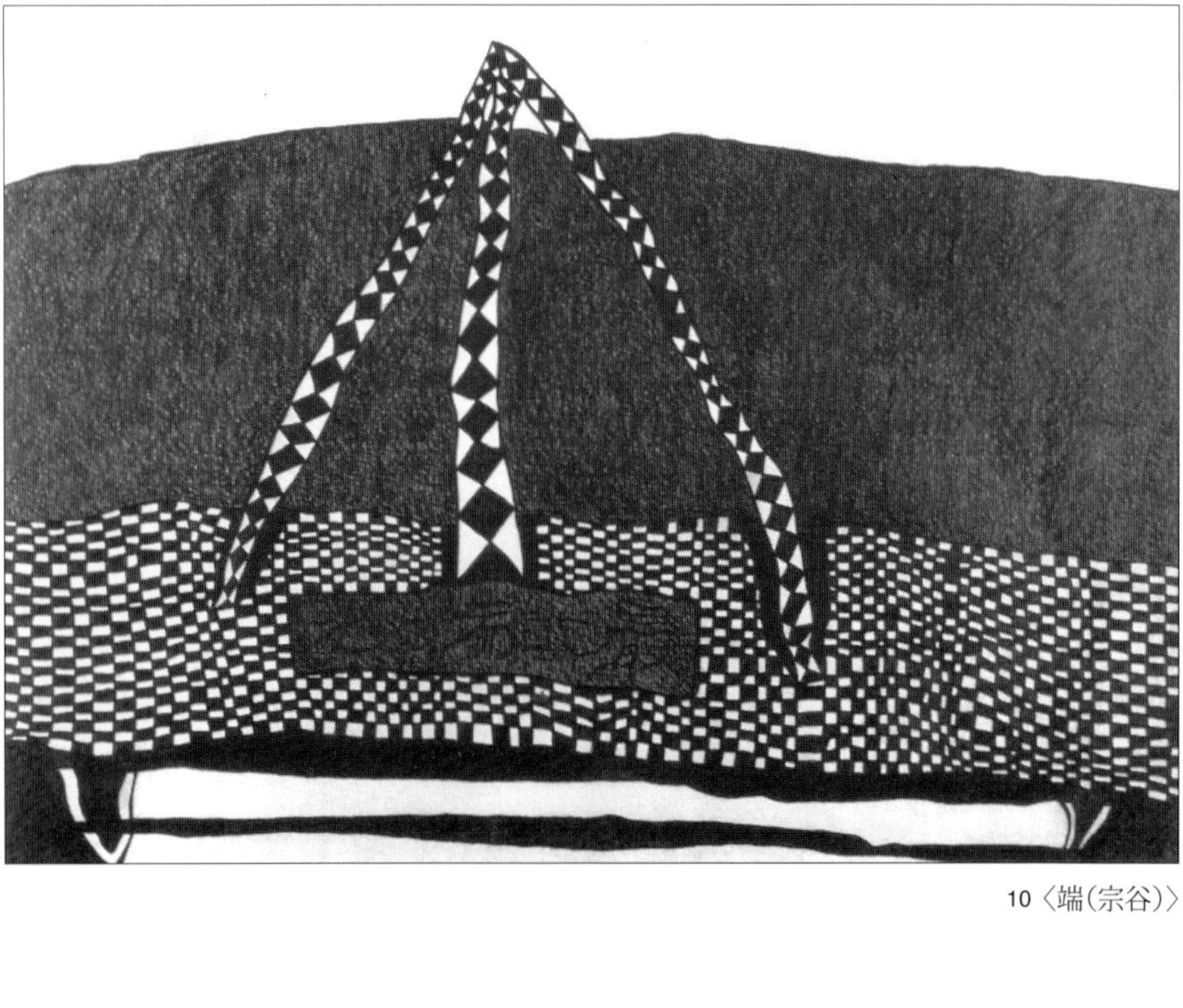

10〈端(宗谷)〉

具象、半具象、抽象というように表現形式も自由である。「今は何でも作品になる」と言う。何もしていない時は胃をこわしたりしたが、作品を作り出してからは、風邪で調子を崩した他は快調だ。食欲も増し太ってきた。右手は絶えず身体を支えていることもあってか、左手より太くなる。卒業後一人で家にいる者はたいてい滅入ってしまうというのに彼は「調子が良い、良すぎるくらいだ」と言う。

　このころ、高義は「絵は本当のことを描けるけれど、詩は本当のことを書けない。詩は本当のことが書けるけど絵は描けない」と語っている。私はますます自分をより深く見つめてきていると思った。

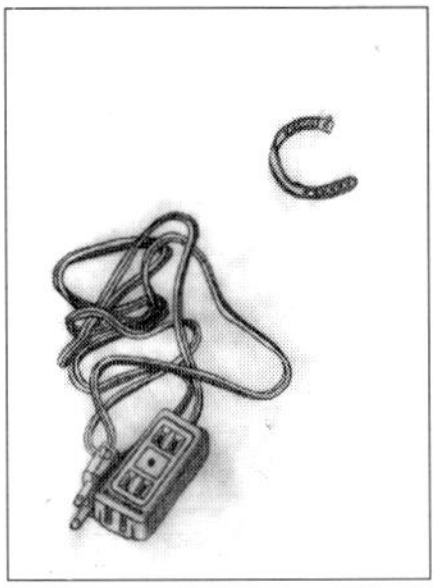

〈コード〉

〈さそり〉

叫び

弾ける
柘榴は
抉られる
血管
おちょくる
鳥は
ささくれる

喙

七月十日より十五日間、父・姉と三人で北海道へ車で行く。本人の以前からのたっての願いだった。走行距離四千三百キロメートルを超す。朝七時から夜七時まで走り、夕食を食べ風呂に入りその後描いた。距離から見ても健康な人だって疲れるような日程だというのにだ。高等部の修学旅行は関西方面だったが、もしものことがあったらというので行かせなかったのに……。病状は進行しているだろうに元気いっぱいであった。帰ってから函館の山から見たスケッチ「地獄谷」【8】を鉛筆ですみずみまで入念に描く。半具象化して仕上げる。黒と白がせめぎ合いながら、緊張感を持ち拡がりがある。

その後、「駒岳」【9】を二枚仕上げる。柔らかくしなやかで静寂の中に孤独感がただよう。「端（宗谷）」【10】「巨木（襟裳岬）」【11】「霧多布」【12】「トドワラ」【13】は形式化された、白黒の美しい作品だ。ポール・クレーは、「芸術は目に見えるものを模写するのではなく、目に見えない人間の内的な世界を見えるようにするものだ」と言っているが、それらの絵を見ているとまさしく私にはそう思える。

その後の作品は、クレーの絵とクレーの言葉を自分の生き方の中心に据えて模索しているように見えた。高義の鉛筆の輝きのある白黒の世界、生命ある線、独自な形は、卒業後自宅で生まれたものである。身体の衰えから油彩が描けなくなり、やむをえず描き始めたものだった。鉛筆画を始めてからは、「限られた時間の中で自分の作品を創りたい、それ

11〈襟裳〉

8〈地獄谷〉

13〈トドワラ〉

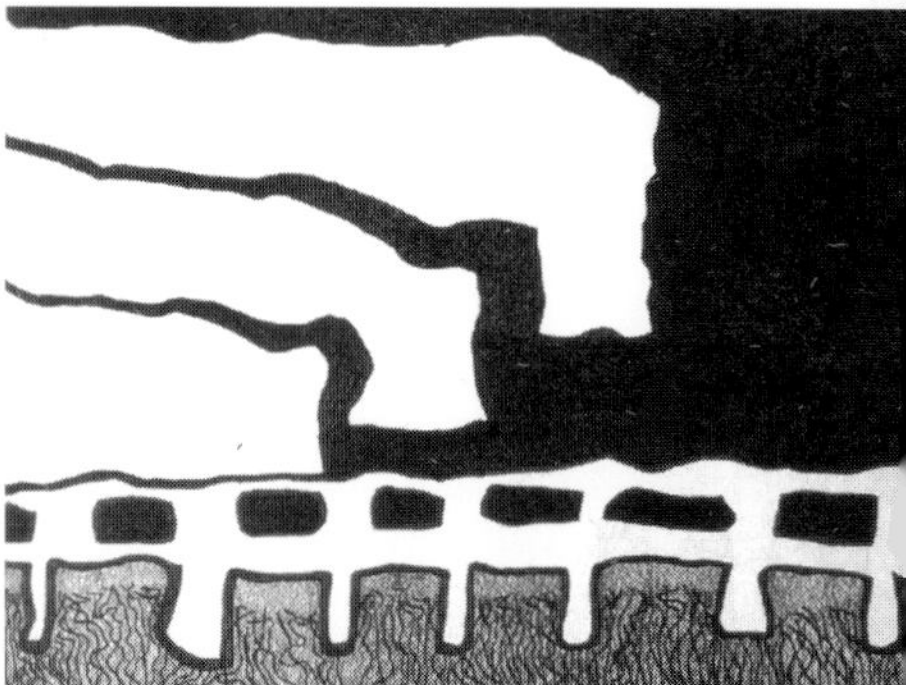

12〈霧多布〉

には他人の作品を見ると影響されるから」と言い一切見ていない。自分の世界を創ろうとするなみなみならぬ決意がうかがわれる。

北海道での自然との対峙から約一年かけ、二十点の作品が作られたが、それらの作品群では、4B、5B、6Bの三種類の鉛筆で線、面を使い分け、紙の凸凹を生かし、さらにチリ紙を使い、ビロードのようなマチエールを作る等の方法を確立した。北海道シリーズを描いている時、「指先に全感覚が響いてくるようだ」と語っている。この言葉一つとっても、ますます研ぎすまされた鋭敏な感性が備わってきたことがわかる。

「カイテンモクバ・カンランシャ」【14】（四一㎝×三一㎝）では、実に一〇五日も使って描いている。高義は描く中で新しい命を生み出していった。高義は外出する以外は六畳の部屋に座っていた。柱の角に掛けてあるドライフラワーが風に揺れ、それが障子に写るのを見て描いた。このようにして「ドライヤーⅠ」（海胆）、「ドライヤーⅡ」（稲子）、「ドライヤーⅢ」（庭鳥）【15】、「かたつむり」【16】、「平たい心臓」【17】、「二重胎児」【18】「ろうそくでないろうそく」など、高義独自の視点でつぎつぎに新しい命を生み出していった。

その後東北旅行をした【19、20】。その時の作品「入道崎」【21】（絶筆から二番目）を描くころにはすでに箸は持てなかったけれど鉛筆は持った。ゆっくりと全身から絞り出すようにして針のように尖らせた三角形の鉛筆で角度を微妙に変え、まるで心のひだを描くように数ミリの線を無数に重ねた。それらの作品はユーモラスな感じさえする形の中に豊かな色彩のハーモニーがある。

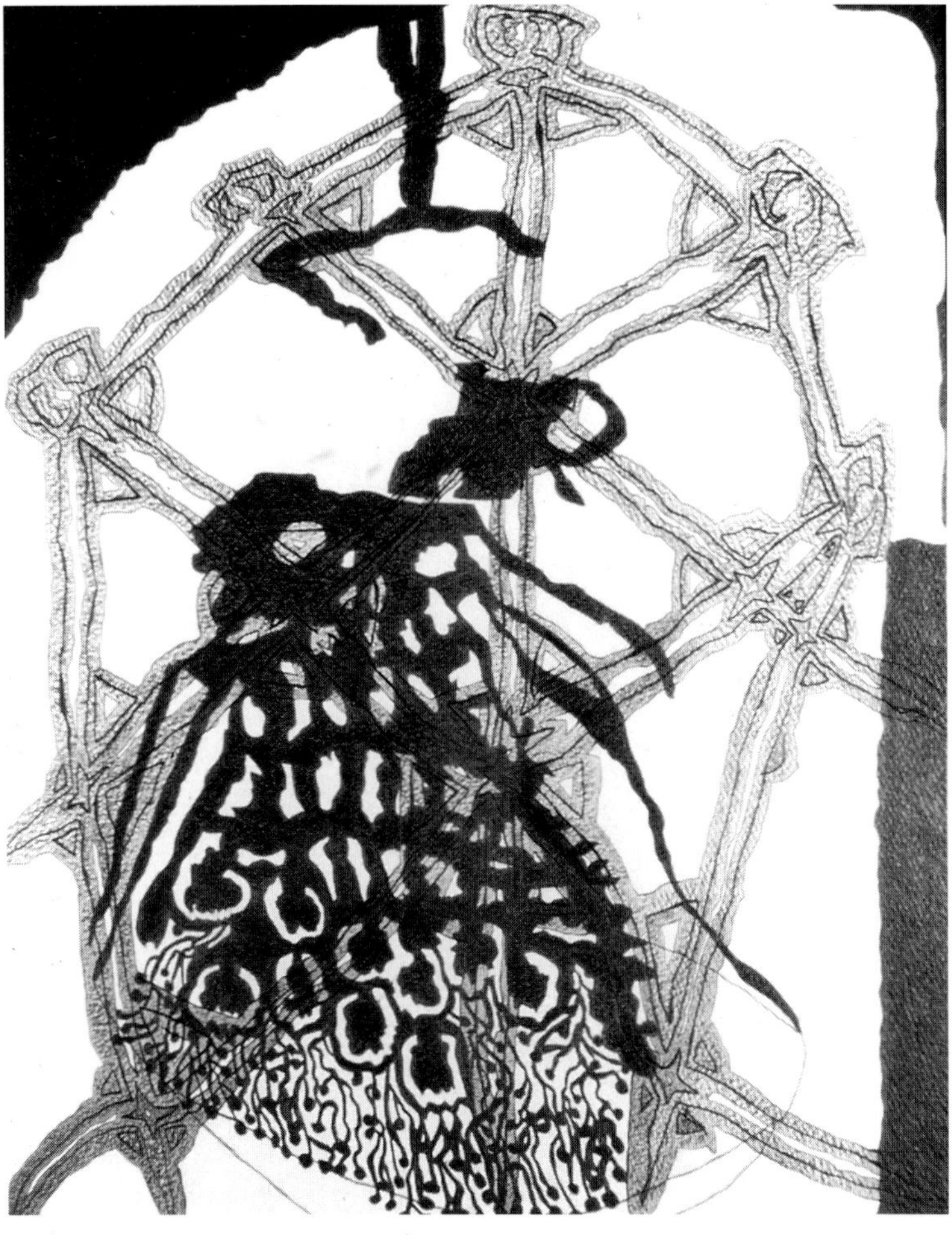

14〈カイテンモクバ・カンランシャ〉

16〈かたつむり〉

15〈庭鳥〉

18〈二重胎児〉

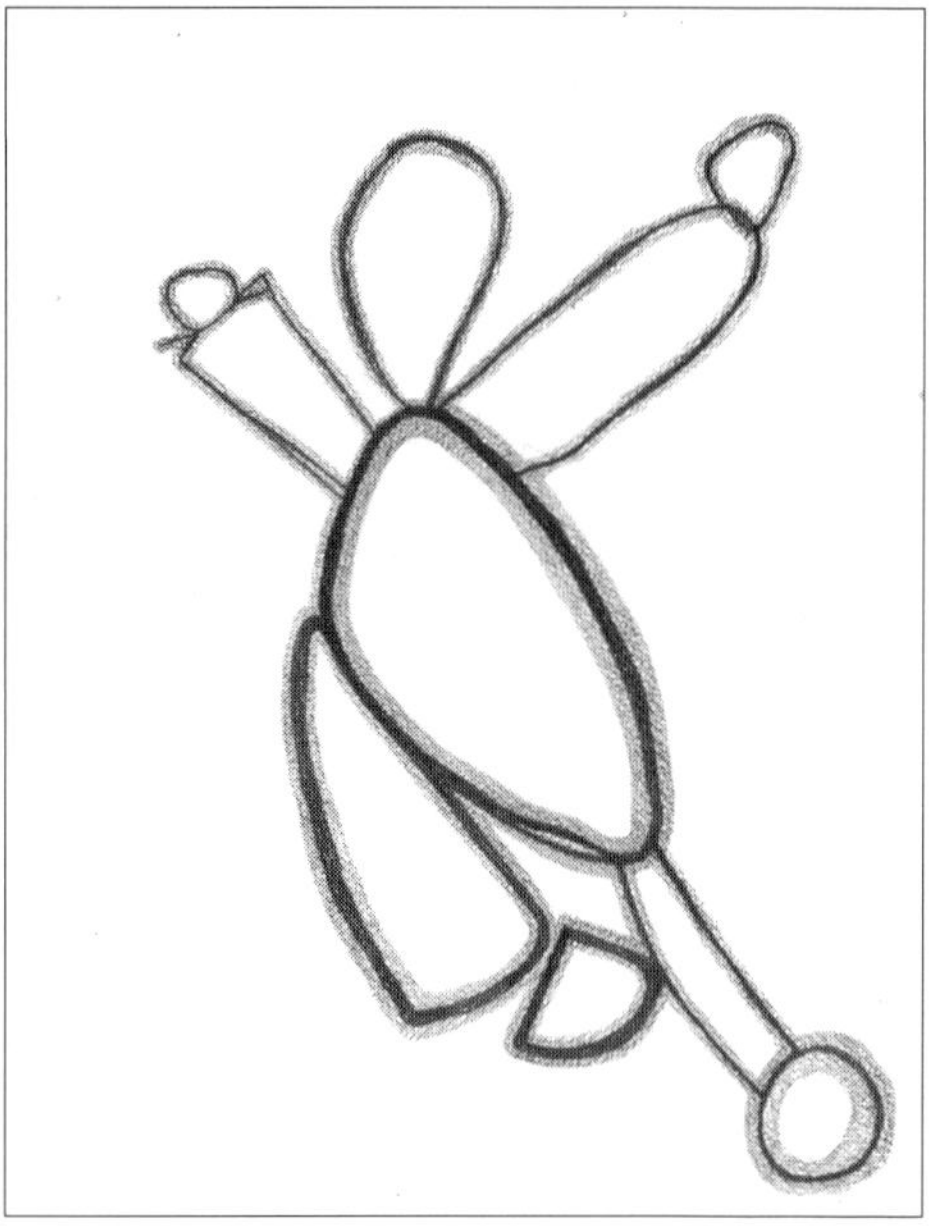

17〈平たい心臓〉

20〈松島〉

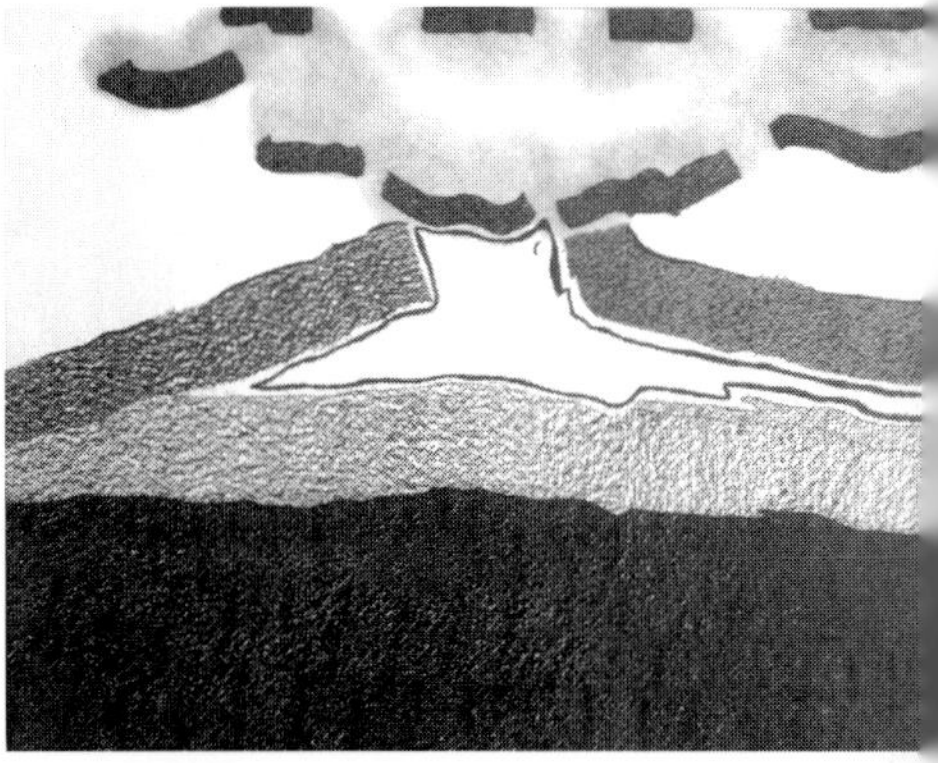

19〈十和田湖〉

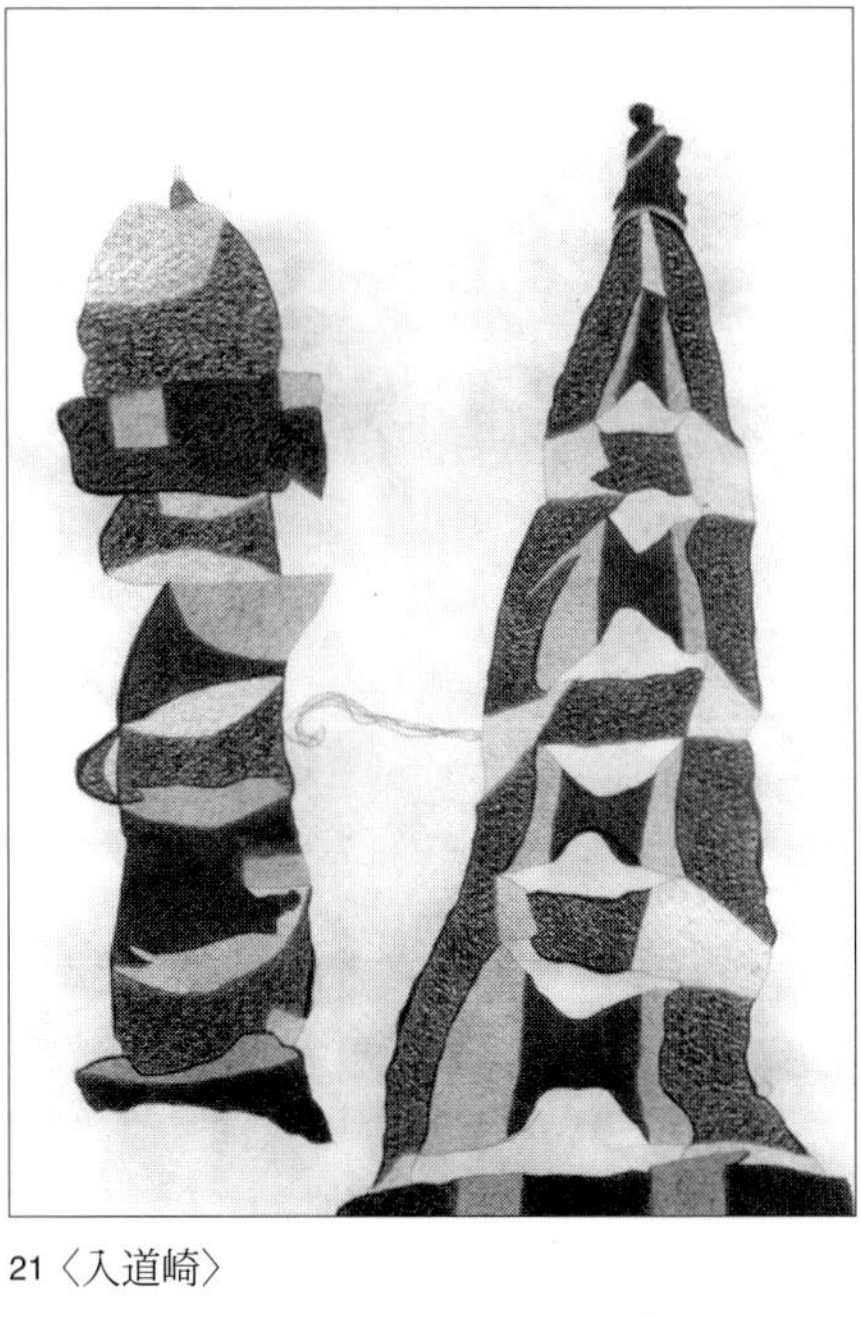

21〈入道崎〉

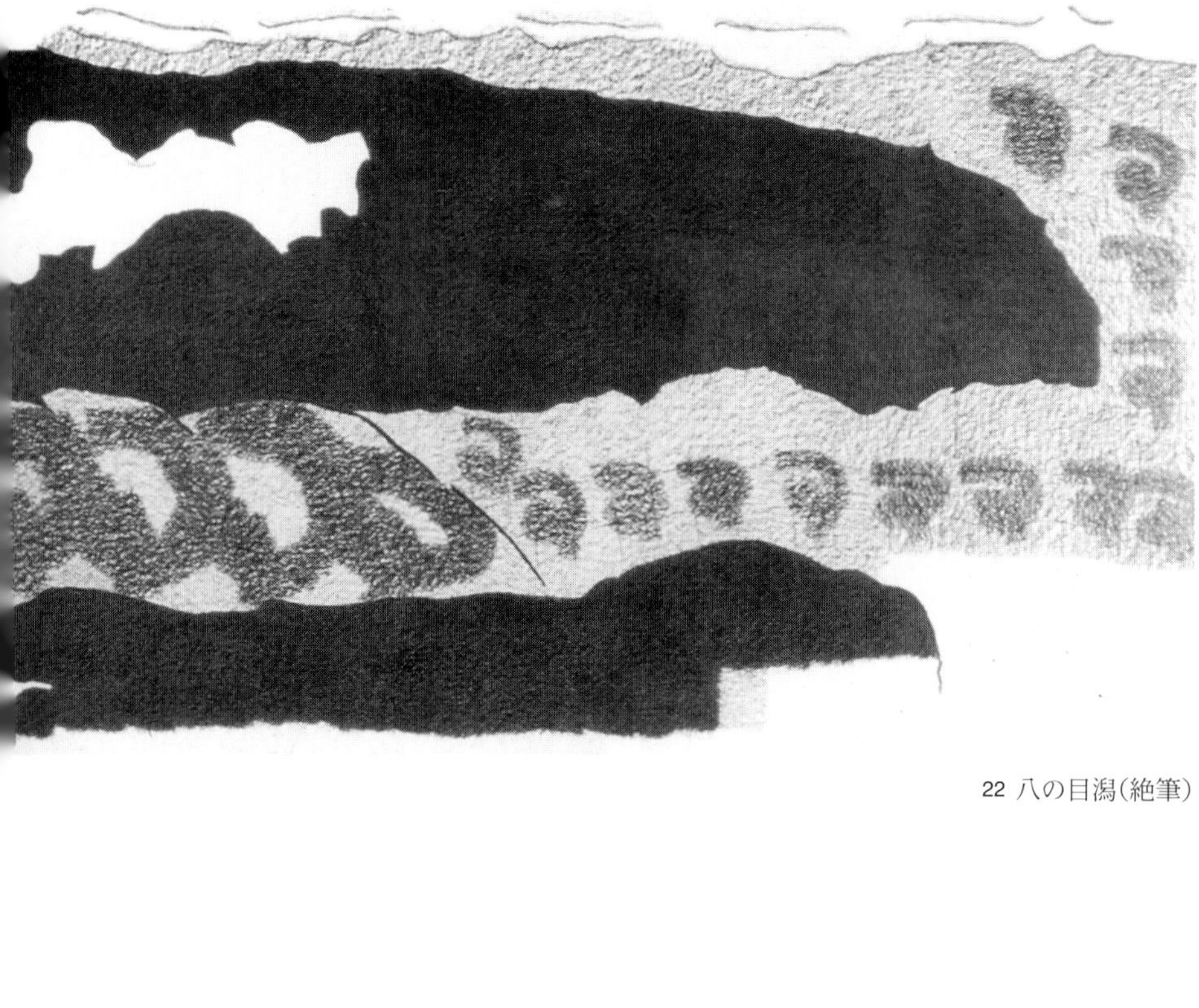

22 八の目潟(絶筆)

絶筆「八の目潟」（未完）【22】もこれが最後の作品とは思えないほど、ゆったりとして、凛としている。制作中手が動かなくなり休む時間が増えるほど、イメージがふくらんでくると語っているように、障害が重くなればなるほど、精神はしなやかに、自由になっていった。想像を絶する孤独・不安・恐怖におののきながら、絵と詩を創ることを通して、より深く自分を見つめ、未来を切り開いた。そのような中での「時代錯誤」という詩にもあるように、時代を自分のものとして捉える明確な視点があるのは、まさに「今を生きている」からである。

時代錯誤

こちこちの軍国主義国家の許に於て
マレに
徴兵検査にうからないで済む訳ないだろうけど
戦場にいかないで済む訳ないだろうけど
狂気乱舞な病人になろうとしている
狂気乱舞な病人のフリをしている
ふわふわの平和主義国家の名の許に於て
フイに

立てるんだろ　立ってみろよ
歩けるんだろ　歩いてみろよ
傍若無人な軍人になろうとしている
傍若無人な軍人のフリをしている

重度の障害者が生活することは、本人も周りの人も大変な困難がつぎつぎとあることに違いないが、生活全般を面倒見ていたお姉さんが、座談会で「高義には生きがいを与えてもらっていました。面倒見るほうが希望を与えられていた気がしますね。私から見ても、一人の人間としていちばん信頼のできる人でした。本当に障害者という感じじゃなかったですね。だから十年以上も少しも苦にならず面倒見られたのだと思います」と語っている。高義の存在は家族、友達、私達に生きるエネルギーを与え続けた。お姉さんが語っているように高義は亡くなるまでどこにでもいるような明るく聡明でいつもにこにこして少しも障害など感じさせない青年だった。東京展、自由展などに入選し、個展も開いた。

高義とともに過ごしたことで、私は絶えず生き方を問われてきた。高義の作品は私達に表現の意味、生きることの意味を突きつけ、生きる勇気と希望を与え続けるだろう。

天田　匡

描くことの喜び

描くことは喜びだった。その喜びが、筆の運びを自由にした。イメージの色、喜びが心地よいリズムになって不思議な輝きを持った作品となった。

七歳の時に脳性マヒのためM整肢療護園、N養護学校に入る。十一歳の時、治療効果が限界に達したためということで退園しS養護学校の指導訪問を受ける。十四歳の時に桐生市立第一養護学校中学部に入学する。移動は四つんばいもできずいざっていた。車椅子を押してもらっていた。話はなんとか聞き取れたが語彙は少なかった。

高等部に入学後すぐにタイプを打ち始めた。言葉がはっきりしないので担任の新井先生は、彼の意志を少しでも表現させるために、とりあえずタイプを覚えさせるのがよいと考えた。しかし、タイプと言っても簡単でない。拘縮が強く指を一本一本動かすことができない。五本指をなんとか開くのがやっとである。手が大きくタイプライターのキーを、拳骨で叩いて打つのが精一杯で、緊張し思う文字のところに指がいかない。目も悪かった。誰の目にも大変なことに思えた。しかし、タイプを打つことで意志が少しでも正確に通じるので匡はとにかく喜んでやっていた。

高等部に入りタイプを打ちたいという思いがますます強くなっていった。タイプを打つことに生き甲斐を感じていた。少しずつ自分の考えを自分の言葉で打てるようになっていった。

三年の十月、職場実習ではタイプの学習を中心にプログラムを組んだ。卒業後も生き甲斐としてタイプを打ちたいという願いからだった。

僕の家におとさんはとこのおみせやとのみせやにようかんとうていますか。

(僕の家のおとうさんどこのみせにようかんがうっていますか)

お母さんこんどの日曜日かてとてえぷをおねがいします。九時三十分からオばQ太郎がらとてくさい。これは——としれれんこかなてもうてた。

(お母さん今度の日曜日カセットテープをお願いします。九時三十分からのオバQを撮ってください。これは原稿がなくても打てた)

これを打つのに八時間はかかっている。

伸子は二歳年上で、なにかというとクラスの面倒を見ていた。匡は相撲が始まると朝からひっきりなしに「メン、メン、メン、メン」と大きな声で言ったり、「ウォー」とうなり声を出すのでよく叱られていた。しかし伸子はなんとも優しさに満ちていた。伸子は家の都合で埼玉に引っ越した。
九月に入り伸子に手紙を書いた。伸子より返事が来る。「しつこい匡がいなくてせいせいした。バカな匡」と書いてあった。親密さゆえの親しみのある愛情のこもった文だ。伸子に手紙を書く。頭にきたと言って打つ。

九月二十一日
伸子のばかやろ、ぶた、でぶ、とんま、まぬけ、おまえの母さんあかでべそ。僕は手紙を見てびっくりしました。こんなにおこっているよ。やさしい手紙よこしなさいよ。

この手紙には、激しい言葉づかいだが、匡の伸子への思いが滲んでいる。

十二月五日、木曜日
最初に石井克先生が園の自動ドアに僕の足をはさんでしまいました。あんなに初めて足をはさんだのはとてもいやだなと思った。石井先生バカ。こんど武先生につれていってもらうからいいですよ。まだある。ごごにさの先生ぼくのこと、くそでたよっていった。ながいうんちだよ。さの先生ながれなかったよ。ぼうにつっかえちゃった

——よ、やっとながれたよ。

このように自分の思いを素直に表現するようになっていった。

三年になった時、タイプで自分の気持ちを打てるようになったので今度は絵に挑戦させた。先輩の天沼高義、沢田美枝などの作品づくりを見ていたが、少しも興味を示さなかった。描くと言っても指先が使えないので、どう考えても一人でできることは拳骨で筆を持ち、色を塗りたくるだけだ。鉛筆を持ってもボキボキ折れてしまう。マジックも芯がへこんでしまう。具体的な形を描こうとしても、目に見えるような形にならない。思うようにいかず「ウォーウォー」と不満をぶつけていた。

私はどう話したらよいかわからず、「形が描けなくても、色だけ塗ってもいいんだよ」と、今井俊満の作品を見せた。「これ、何に見える?」と聞くと「わかんない」と言う。「強い風が吹いているように見えるだろう?」と言うと「うん」とうなずく。「すごいいきおいでみんなで走っているだろう?」と言うと「うん」と答える。「車椅子が車椅子のように描けなくてもいいんだよ、車椅子だと思って描けば」と言うと、目を白黒させて大きな声で「わかんない」と怒ったように言った。

私はデ・クーニングや今井俊満の作品を見せて「このように描いてもよいのだ」ということを少しでも感じてほしいと思った。

1〈赤〉

いろいろ考えたがとにかく刷毛を使うことにした。色を塗ると言っても小さい画面では塗れないので、一m×一mのベニヤ板に、枠をつけた。油絵の具は値段が高いので水性ペイントを使った。机の上にベニヤ板を置き、車椅子から身を乗り出して塗りたくる。あたりじゅう絵の具をたらして塗りたくる。それがうれしくて「ウォーウォー」と唸り声をたてて「できたできた」と喜ぶ。うれしさで、腕が伸び手指の操作もスムーズになり筆の運びも自由になる。気持ちがいいのだ。美術のある日は、早く美術の時間がこないかと朝から、「ペンキ、ペンキ」とうるさいくらいだ。時には「武先生、小川先生、石井先生、伸子のバカ、メンメンメン、ウンチ出た」など好きなことや気持ちの良かったこと、シャクにさわったことなど口走りながら、青、緑と赤、青と緑、黄、赤などを塗りたくった。青の上に赤、ピンクの上に緑色を重ねていった。

匡にとって描くことはタイプを打つこと、いやそれ以上の喜びだったかもしれない。その喜びが、筆の運びを自由自在にした。喜びが心地よいリズムや色となっていた。

匡の作品は新鮮で不思議な輝きを持っている。心の底からの喜びを表したいという匡の思いがこういう作品「赤」【1】を描かせたのだ。

この作品は、桐生市展の洋画部門で教育委員会賞を受賞する。また、東京都美術館で行われた東京展に推薦され、鬼頭暲先生より、「透明な色、光は作者の心の内部から湧き出てくるものだろう」と絶賛された。

坂本明美

言うことを聞け、かえるちゃん

明美の描いた「かえる」は、のんびりと春の暖かい陽を草むらで楽しんでいるようである。明美は「かえる」の中に自分の身体と心を投影しているようだ。

高等部三年生の七月のこと、芝生のある校庭で「かえる」と遊んだ。明美は「かえるは嫌い、描かない」と言った。「ぬるぬるして気持ちが悪い」と言う。飛び跳ねるのが怖いと言いながら、キャー、キャー声を出して、ピョンピョン跳んでいる様子を見ていた。そのうちに「かわいい」と言った。「目が動いている、身体がぴくぴく動いている」と言った。「かえる」は少しぐったりしていた。

「言うことを聞け、かえるちゃん」などと言って描いている。消しゴムで消して何回も描いた。明美の描いた「かえる」は、のんびりと春の暖かい陽を草むらで楽しんでいるよ

1〈かえる〉

うである。なんともゆったりしている。足の右と左が異なる。右足が異様に長い。そのことがかえって生き生きとさせている。色も左右変化させている。それがなんとも調和されていて美しい。「かえる」の中に自分の身体と心を投影しているようだ。明美は股関節脱臼である自分の身体をとおして、ものを捉える感覚が新鮮になったのだろうか。自分で描いた菜の花を見て「菜の花がきれいだ」「菜の花は本当にきれいだ」と言った。

この作品を見た画家で舞台芸術家の西山三郎さんに「気品がある作品です」と言われた。

黄木康史

限りない追求

いつも未完成な部分を持つことで小さくまとめず、イメージを絶えず新鮮にして、質を高めていくことを、作品づくりの中でやっていた。こうして真の精神の自立を獲得していった。

高等部の二年生から油彩画を始める。油彩画は追求できる素材だ。気に入らなければ、その上に描くことだって、削り取ることだってできる。油彩で「校庭」「ラケット」「帽子」「自画像」などを描いている。その中でも「自画像」は目も鼻も口も原形がほとんどわからなくなるまで描き尽くした。顔は明暗で大まかに描かれ、柔らかい光がさしているようである。目鼻だちがはっきりしていない。しかしそのことがかえって、リアルな表現となっている。柔らかい光は康史の表面的には穏やかだが、内面に秘めた意志の強さをかもしだしているように見える。この作品は彼には不満だった。描き切っていないと言うのだ。目、鼻、口、耳など描いて、描き切らねばと言う。

1〈祖父像〉

2〈祖父像〉

3〈友だち〉

康史は「気に入るまで描く」ときっぱり言う。そして「描きながら、イメージがどんどんふくらむ。だからどんなに描いても描き足らない。気に入らない」と言葉を加える。

祖父像の油彩を描く前に二枚デッサンする。一枚目は祖父の家に行った時に鉛筆で画用紙に描いた【1】。祖父のやさしさ、誠実さ、頑固さまでが私には見える。二枚目は顔をやや小さめにし、下から見上げるような視点で描いている【2】。何度も描いては消して、残った線は確信を持って描かれている。頭・首・胴とのバランスもよく、祖父の風格を感じる。二年生の時、鉛筆で画用紙に「石井先生」「友だち」【3】を何ヶ月もかけて描いた。描いては消し描いては消ししているうちに紙もボロボロになってしまった。それでも描ききれず新しい画用紙に描き直した。その頂点が「祖父の像」と言っていい。

三年生の三月、康史が祖父像（一〇〇㎝×八〇・三㎝）を油彩で描いているところをビデオで撮る。そのビデオを改めて何十回も見るが何度見ても新鮮さを失わない。彼に毎日接しているのに新しいものが見つかる。これはなんだろう。

電動車椅子で教室にやって来る。車椅子から降り服とズボンを着替え、靴をはき替える。準備に二十分はかかる。絵の具、キャンバスを私が出す。床に置いてキャンバスに乗り描き始める。まっすぐだったり、目、鼻など描くところは両手で筆を持ち息を止め少しずつ塗る。指先でも塗る。マヒのある人は、描こうという意志が強ければ強いほど、緊張し手足がつっぱってしまい描けない。それなのに実に的確に筆を動かす。康史は「限りなく緊張することによって、リラックスすることを覚えた」と言っている。この時は二時間半休まずエネルギッシュに描き続ける。四時間目のチャイムが鳴る。疲れ切っているであろうに、膝で立ち全身をゆすりながら水道まで行く。筆を石鹸で洗い教室にもどり絵の具箱の中に入れる。服、ズボンを着換え靴をはき替える。電動車椅子に乗る。その時のにこっとした表情は満足しきったという感じだ。

康史はこの絵について次のように言っている。

うまくいった、いかないということで一喜一憂することはある。しかし、たとえうまくいったとしても、今の絵では気に入らない。中途半端で妥協はできない。なんとなくうまくいったのは自分を迷わす。

康史は毎回、これで終わりにしようとするころになって、作品のある部分を意識的にこわして終わりにする。いつも未完成な部分を持つことで小さくまとめず、イメージを絶えず新鮮にして、質を高めていくことを、作品づくりの中でやっていたのだ。このような考えを持ち、作品を作るようになったのは、自分の状況をありのままに受け入れて突き詰めることによって、真の精神の自立を獲得してきたからに違いない。

二月には手を加える余地がないほど作品として完成していたのに、それを塗りつぶし、卒業後も学校に来て、一日三時間〜四時間少しも休まずひたすらに描き続けていた。「祖父像」【4】を一年一ヶ月かけて仕上げた。

4〈祖父像〉

新井孝昌

バカボンから人間の世界へ

保育園の時から描いている絵にマンガのキャラクターでない人間が現れたのは「石井先生」からだった。この絵を描いていく中で、明らかに命ある人間を意識するようになった。

孝昌は小学校入学の時、埼玉大学の西村章次先生に自閉症と言われた。機械類、換気扇などに固執している。たえずパターン化した絵を描いたり、うろつきまわったりもするが、話しかければ言葉で応えるようになってきた。

〈サーキット〉

自分だけの世界からふみだすまで

「サーキット」は中学部一年の四月の絵である。サーキットで跳び箱や踏み台を跳び越すところである。その中には、耳のあるウサギとも人間ともとれるパターン化された絵が描かれている。どれが孝昌か聞いてもわからない。この中に孝昌もいるのかもしれない

〈友だち〉

〈スーホの白い馬〉

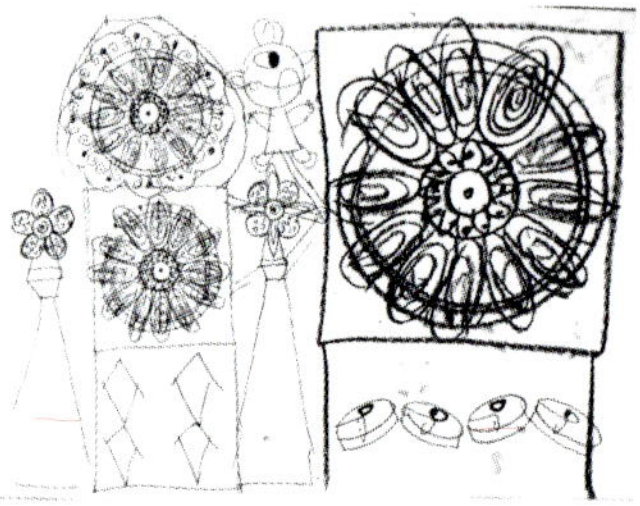

〈換気扇〉

が、私にはただたくさんのものが動いているという感じである。このような絵を一年間に五〇〇枚以上描いた。また、「換気扇」のように、スピーカーや換気扇だけの絵も何百枚も描いた。換気扇には特に興味を持った。初めて訪れた家の玄関に入るや一直線に換気扇のところまで走って行く。どうしてそこに換気扇があるということがわかるのか不思議だった。オバQも描いた。保育園の時からこのような絵を描いていたという。

二年、三年と私は担任になった。おそ松君の絵を描き始めた。テレビは嫌いだが、この番組だけは見ていて、ビデオに撮って繰り返し見ていた。キャラクターの表情、歩いている姿など、実によく捉えている。いつもキャラクターの描いてあるワッペン、ふりかけなど、絶えず持ち歩いている。また、休み時間も、家に帰ってからもキャラクターの絵を描いている。家では塀や障子、車のホイル、冷蔵庫の中の卵にまで描いていた。描いている時はニコニコとしてとてもうれしそうにしている。完全にマンガの世界に入り込んでいるという感じだ。これではますます自閉の世界へ追い込んでしまうのではないか、と懸念したがその絵の中からきっかけをつかもうと考えることにし見守るより仕方なかった。浩司の時もそうだったので私にあせりはなかった。

六月になり、『スーホの白い馬』を描いた。馬は一応馬らしく描いたが、スーホは見事バカボンになっていた。引き続き「友だち」を描いた。自閉的でいつも黒子のように後ろにくっついている先輩の貞夫を描くとばかり思っていたら、「イヤミ」だった。次に「私（石井先生）」を描いた。バカボンのパパになっていた。ここでもすっかりマンガの世界に入

〈石井先生〉

〈石井先生〉

り切っている。言葉は、「ダメナノダ」「……ザンス」「……テヤンダイ」「ギクッ」というような感じである。しかし、そのギャグの中に、日常の言葉のやりとりが入ってくるようになった。

そのころ、私の父が亡くなった。とっさに次のような話をした。斎場では写真でなく祭壇や炉に自画像が飾られたこと。父は自画像を五千枚も描いたこと。人に見せるためにではなく、日記のように描いたこと。自画像を見ていると、父がそこに生きているような錯覚さえ持ったことなど。

その後、バカボンのパパの顔の私（石井先生）を描いた孝昌の絵を示し、「この絵じゃ誰が死んだかわからない」と言うと、「石井先生」のような絵を描いた。蝶ネクタイなどつけてくれた。孝昌の頭の中にマンガの主人公でない人間が入ることもできるのだと思った。手がかりがつかめそうだと思った。しかし、相変わらずマンガのキャラクターのオンパレードだった。

十一月に家にあったザクロを持って行った。しばらく教室に置いておいた。私はザクロのなんとも言えない美しい色、形が大好きだ。子どもたちにどうしても描いてもらいたいと思った。孝昌に「描くかい」と聞くと、いつものように何の反応も示さない。私はここで頑張って「描きなさい」と強く言った。孝昌は「ヤメロー」といきなり大声で叫んだ。言葉ではっきり拒否したのは初めてだった。言葉とはうらはらに、スラスラとニコニコしながら描いた。パターン化していない興味のある身近なものを描かせようと思っていたの

〈カギ、黒板ふき、絵の具、けん玉〉

だが、思い付きで、机の上にあった絵の具のチューブを描かせた。マンガを描いている時だったことも手伝ってか、この時はザクロよりさらに強く、わざと「やったな」「ゆるしてくれよ」「ヤメロー」と大声でどなり、さらに悔しがって机をドンドンたたいた。絵の具のチューブは描かず、ノビ太を描いた。その後すぐに、猛然と絵の具のチューブを描いた。引き続き、私が手あたり次第に出すけん玉、ホッチキス、黒板消し、鍵、爪切りなどなど……。片っ端から何秒もかからず素早く描いた。

版画を作る——自分を意識する

三学期の始業式に孝昌はネクタイをして来たので、小学部の正木先生の背広を借りてのぞんだ。背すじを伸ばし得意そうだった。

三学期は、紙版画で等身大の自画像を作った。まず画用紙ごとに頭、胴と手、足と三枚にわけ、さらに髪の毛、目、睫毛、鼻、口、手、胴、足というように、ひとつずつ手で触って、確認しながら描いた。そのころ、孝昌は廊下にある全身の映る鏡を食い入るように見ていた。ネクタイ、背広、革靴にも興味があり、ネクタイをつけた人を見ると、外部から来た人でも誰彼となく側により、ネクタイに触った。通学はつめ襟の学生服だが、登校するとすばやく服を脱ぎネクタイをした。それからゆったりと運動着に着替えた。ネクタイはすぐに締められるように輪が作ってあって、首にかけ締めればよいだけのものを持って来た。水玉模様、斜

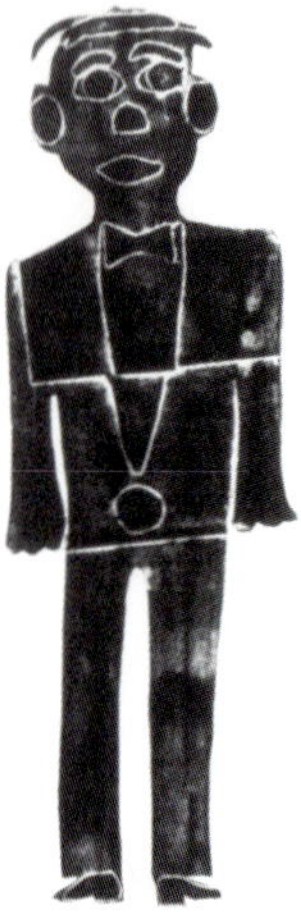
〈自画像〉

線の入ったものなど、父親の首にかけ結んでもらって、解かずに持って来るのだった。

描かれた自画像はマンガの主人公ではなかった。好きなネクタイ、靴も描かれていた。驚いたことに、全体のバランスもよくとれている。硬い身体つきの孝昌の特徴がよく出ている。一年前に描いた自画像は「ねじ」のある一ツ目だった。いよいよハサミで切り始めた。髪の毛は大まかにまとめて切った。目も下絵とは違って、やや大きめに切った。少しずつ切っては貼り、切っては貼りしていった。裏からは粘着テープで貼りつけた。切った紙と自分の身体とを触って確かめるようにして作られていった。

刷り上がった作品はプレイルームに貼った。背筋をシャンと伸ばし大きな目を見開き満足そうに見ていた。髪の毛といい、顔の表情といい、感じがよく出ている。身体全体の硬い感じだけでなく、きょとんとしたところなど、かもしだす雰囲気はリアルだ。

再び『スーホの白い馬』に挑戦する――感情を描き始める

再び、『スーホの白い馬』に取り組ませた。今度はスーホはバカボンではなくなった。

お別れ会で『ハメルンの笛吹き』の劇をすることになり、背景の絵（一・九ｍ×五ｍ）【1】を貞夫、伸介、昇、孝昌が分担してマジックで描いた。いずれも自閉的な子どもたちである。建物は、ハンブルクの街の写真集より取った。四つに画面を分け、その中で孝昌は右から二番目を描いた【2】。ハンブルクの街の絵を写しながら、孝昌独特の塔がつけ加えられた。五日間、三時間くらいぶっ通しで、休みなく描き続けた。劇の練習の進行とともに作品は

1〈ハメルンの笛吹き〉

2〈ハメルンの笛吹き（孝昌が描いた部分）〉

迫力を増していった。

再々『スーホの白い馬』に挑戦する――スーホの表紙絵

ハメルンの絵を描いている孝昌を見て、私は、『スーホの白い馬』の全場面を絵にしてみようと決めた。スーホと白い馬との交流を孝昌の心の中に感じさせることができるのではないかと思ったからだ。孝昌の好きな場面が絵本にそって描かれた。なかでも白馬が先頭に立って走っている場面【3】は光が射している方向に全力疾走している。王から白馬が逃げる時、家来達が矢を放つ場面【4】馬も人も躍動し、色彩も美しい。

オオカミと戦う場面はスーホの凛々しさ、オオカミの獰猛さが出て、感情を剥き出しに戦っているように感じた。

絵を描くと同時に読み取りも行った。物語どおりに文章も書いた。孝昌はひらがなは全部読める。漢字はなぜか給食の献立に限って読める。八宝菜という字なども読める。文字は独特の書き方だった。「あ」という字は「め」を書いて、次に「十」を書いて「あ」となる。スーホが全部仕上がらないうちに、二年は終わってしまった。三年になって、「こいのぼり」を描くのに夢中になっていたので、スーホは中断していた。

職場実習が始まる――職場の人と一緒に仕事ができる

六月に入り捺染工場で、職場実習を行うことになった。「ハッピ」と「こいのぼり」を

3〈スーホの白い馬〉

4〈スーホの白い馬〉

染めている。実習に出して仕事ができるかどうか懸念したがお願いすることにした。この工場には、今年卒業した貞夫が勤めている。担当の専務はたとえ十分理解できなくとも、総合的に仕事をわからせ、孝昌にどの仕事が向いているかを知る必要もあるという考えから、スキージーで掻く仕事、布を伸ばす仕事、のりを洗う工場へ行き、荷物を積み下ろす仕事、さらには、デザイナーや型づくりの職人を訪問する仕事を経験させてくれた。専務は問題なのは、「キョロキョロしたり、換気扇をまわしたり、止めたりすることよりも、人間との関係が持てそうもないことのほうでしょうね」と、五日目に言われた。

しかし、十二日目、台に何十メートルも張った布を伸ばす仕事をやった時、今までは、ほとんどできなかったことが、突然できるようになったと驚いていた。道具の持ち方、腰の使い方、腕の伸ばし方など、よく見ていなければできないことだ。「実によく見ていましたよ。絵を描く人は違いますね」と言われた。

孝昌はスーホをまたまた描き始めた。相変わらず、換気扇、マンガにも固執している。捺染工場では、暑いので換気扇がたくさんあり、スイッチを入れたり止めたりを楽しんでいた。しかし、確実に人間に興味を示し始めた。

三年の二学期に描いた「石井先生」【5】は、対象を鋭く見ている。私の内面まで見すかされているような気がすると同時に、自分をも確実に見つめている。山登りをした時、後からついて来る加奈子に「押さないで、滑るよ」と言ったり、マラソンなどマイペースだったのが抜くようになった。私がゆっくり走っている男の子達に「速く走れ」とお尻を叩

5〈石井先生〉

くと、孝昌は「男だけ怒るんかよう」と言ったり、自分の気持ちを表すようになった。

心と心が響いた時、孝昌の作品は確実に変わった。「石井先生」を見て、「これだけリアルに美しく描けたのは、それこそ何万枚もの作品を描く中で培った技術も見のがせない」と東京芸術大学の佐藤一郎先生は言っている。また大川美術館館長は「のびのびと一気に描いた線の美しさなどまさに一流のプロの画家のようだ、本物とは技術ではなく心だ」と『美術館の窓から』に書いている。

創ることの喜びを生活の中に

高草木 重

身体の中を潜り抜けた誰のものでもない自分の世界を表現した。絵と言葉であつしは確実に動き始めた。

あつしはダウン症という障害を持ち生まれた。中学部に入ってすぐに描いた「パパ」は、なぐり描きで形のわからないものであった。二月三日、豆まき集会があった。朝の会で豆まきの話をすると、楽しそうに豆をまくしぐさをして見せた。鬼の面を見ても「コレ、コレ」と豆まきのしぐさをする。あつしが豆をまくと先生方が「こわい」と言って逃げると思っていたようだったが、反対に先生方の鬼に豆をぶっつけられヒーヒー言って逃げていた。

しかしうれしそうだった。豆まきをなかなか描こうとしないので君島先生が「豆ね」と言っていくつか点を描くと、この点に触発されてイメージが拡がり、生き生きとした線に

1〈豆まき〉

なった。その後、目、鼻、口、髪の毛、顔から出ている足を描いた【1】。

「その日の連絡帳」より

夜、風呂から裸ででてくると茶だんすの上にあるみかんをもって「これ学校、バーチャン、ムニャムニャセンセイ、ムニャムニャセンセイ」としきりに指さしていました。たぶん石井、君島、土沢先生にあげたいということだと思います。

最近また言葉をおぼえたようです。「それで」「……してから」です。とにかくあつしと話していると、つかれもストレスもすっとんでわらっちゃいます。

家族も心の底からあつしとともに生きることの喜びを感じ始めてきたようだ。

君島先生が描いた豆があつしの世界を広げた。これも君島先生とあつしとの心の交流がなかったら描かなかったに違いない。

二年生になると、あつしは散歩する中で「なのはなね」「ももね」「たんぽぽね」などと私たちが話しかけるとたんぽぽを「……ぽぽ」などと言って喜んでいた。山全体が桜の花の咲いている城山に花見に行った。花吹雪の中を登ったあと、模造紙三枚を縦に張り合わせた紙にぐいぐいとマジックと絵の具で雄大な桜を描いた。その後自分で模造紙を棚から持ち出して来て、墨汁を出して塗りたくり始めた。私たちは思い切ってやらせようと教室いっぱいに模造紙を広げた。あつしは墨汁の大きいビン一ビン全てを使って塗りたくった。

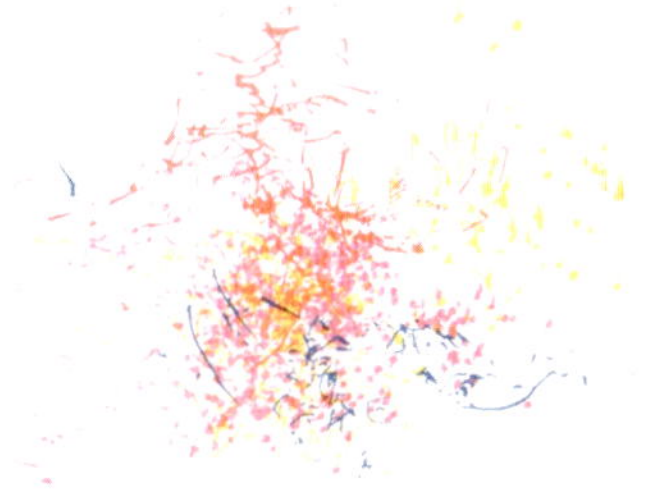

〈花吹雪〉

一時間休むこともなく続いた。手、足、頭、トレパン、床も墨だらけになった。終わったあとの清掃はそれこそ大変だった。なぜかその後塗りたくりはぴたりと止んだ。あつしは再び人間を描き出した。パパ、ママ、サトミ、寛というようにやたらと描きまくった。

二学期になっても「パパ」「ともだち」「先生」「いとこ」など人間を描きまくった。画用紙、上質紙を棚から取り出し、それこそ何百枚も描いた。首から手や足が出ているものもあれば、顔じゅう手、足だらけのものなどいろいろ描いていた。

十月に入った。あつしは相変わらず得意そうに人間を描いていた。休み時間も暇さえあれば描いていた。時々今泉先生が「あっちゃん、足はこんなに長いよ」「手はここから（肩を指し）出ているよ」と言っていたが「あ、そうか」などと言うだけでそのまま描き続けていた。そんなある日、画用紙を縦に二枚張りつけて「パパを描いて」と言うと、まず一枚目に顔を描き始めた。途中で「足はどこ」と言うとにゅーっと描いた【2】【3】。

引き続き画用紙を二枚張り合わせて描いた。「石井先生」では私の方をよく見つめながら描いた。目を描く時は自分の目を触り「め」と言い私の目を、口を描く時は自分の口を触り「くち」と言って私の口を……というようにして描いた。あつしはトレーナーなのでボタンがないが、ボタンのある位置を指でさし「ボタン」と言って描いた。

あつしは二枚張り合わせの絵が気に入り、その後何十枚も描いた。

このように大好きな人たちを描く中で認識も確かなものになっていった。

一年の時にも描いたが、『スーホの白い馬』を再び描いた。

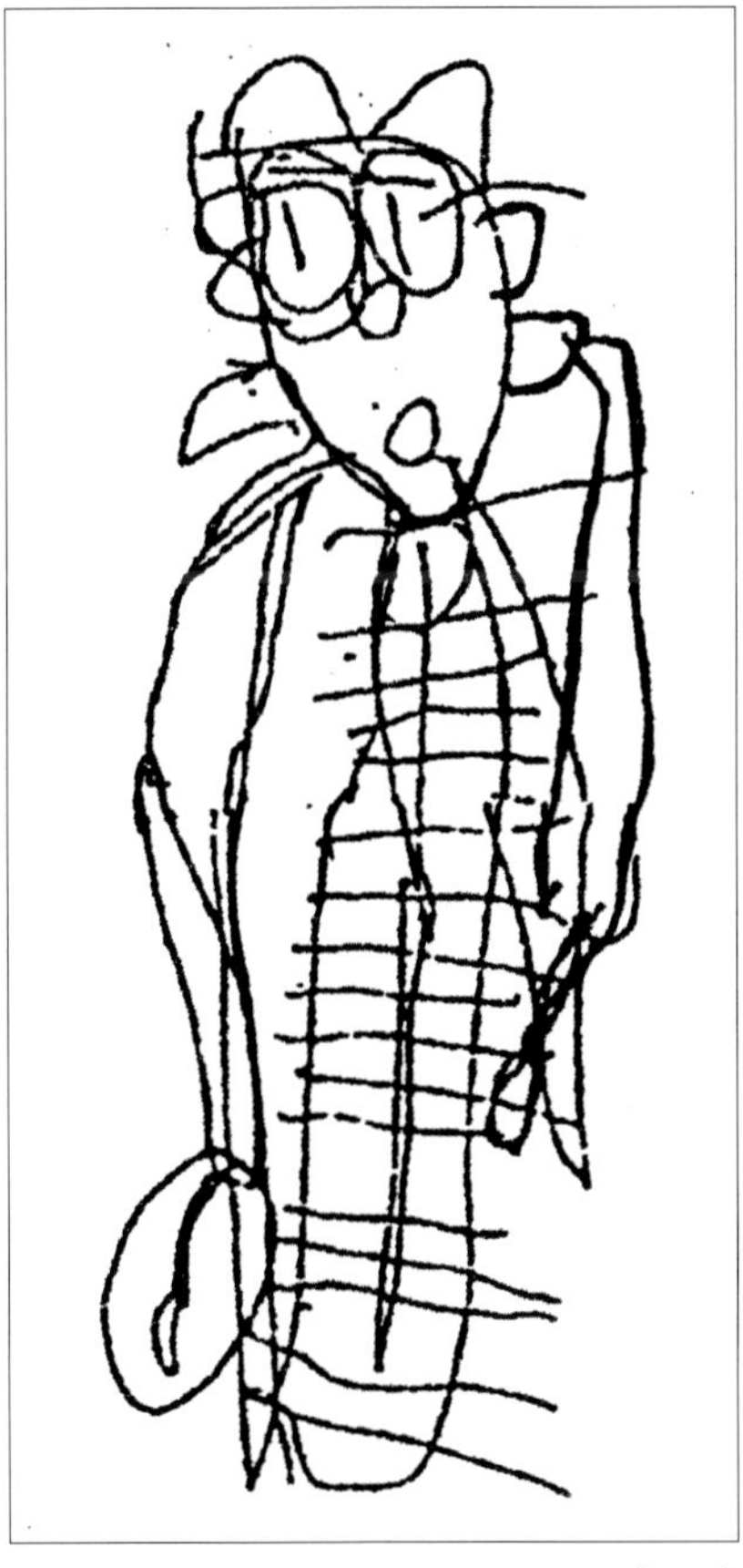

3〈パパ〉

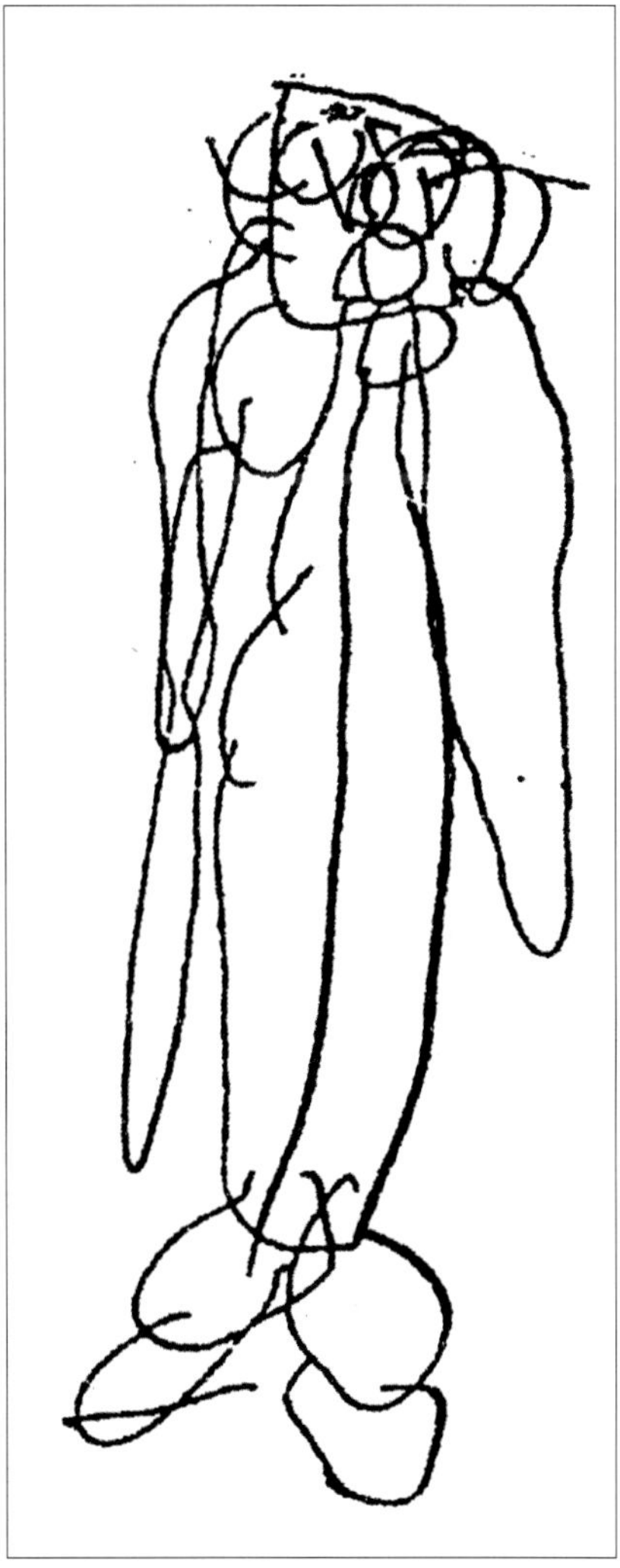

2〈パパ〉

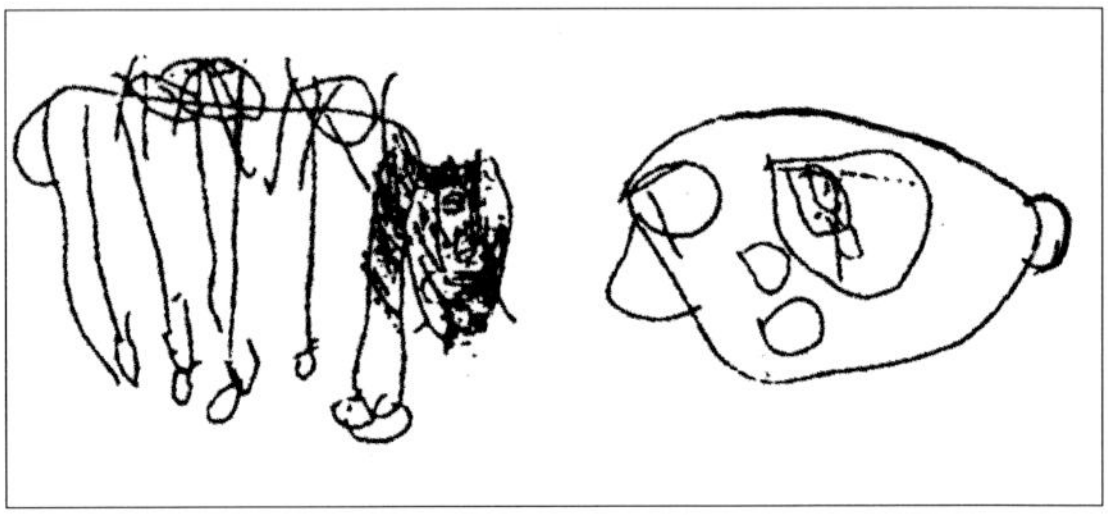

〈スーホの白い馬〉

「中国の北のほう、モンゴルにはひろい草原がひろがり、そこに住む人たちは、むかしから、ひつじや、牛や、馬などかっていました……」と私が絵本を読むと、あつしは「なに、なに」と聞く。私は「にじ、おうまさん、ひろいひろいところ」と応える。そんなふうにして読み進む。「おうまねんねん」「ヒヒン」「おうまパカパカ」「イテン」とか言い、絵本を見ながら聞いている。読み終わってから絵本を見て五枚描いた。

やさしいデリケートな線にスーホと馬のやさしさ、悲しさが見事に出ている。描く中で物語の本質をつかんでいったのだろうか。引き続き「パパ」を描いた。パパ、パパ、パパ、おしごと、大きいブーブー、あっくんちと言って描き始めた。自分の目、口、鼻、手などそれぞれに手をやり、さらに言葉で言いながら描き始めた。メガネはパパがメガネをかけているしぐさをしてから描いた。この作品は父親にそっくりだ。形もそうだが、雰囲気がよく出ている。あまりに似ているのでその日家に持たせた。父母もびっくりしていた。やさしい、そしてちょっぴり厳しい大好きな父親の表情が全身に出ている。あつしの作品群が伸び伸びしていてリアルなのは描く対象とあつしが一体となっているからだろう。

その後、大きな紙に描いたのが「石井先生」【4】である。筆に墨汁をたっぷりつけてぐぐっと一気に描いた。「これでおしまい」と言って終わりにした。

このように伸び伸びと大きな作品は単に紙が大きいからでも、墨汁をたっぷりふくませたからでもない。あつしの開放され満ち足りた生活全てから出てきたのだ。

4〈石井先生〉

あつしの詩（口頭詩）

はっぱいっぱい
ちょうちょいぐん
はっぱいてん
からっぽ

（『はらぺこあおむし』を読んで）

あっくんごめんね
あかちゃんのめ　ぺんしたん
ごめんねあかちゃん　ぺんしたん
かわいい

こうこう　こうじちゅう
あっちゃん　こうじちゅう
こうじちゅう　こうじちゅうだめ
こうこう　おわったん

M養護学校高等部の合格は十一月に決まっていた。一月に一日体験学習があり、行って来たあとの詩である。工事中というのは、散歩に行き、これより先工事中という看板があった。「ここから先には行けないんだよ」と言うと「わかった」と言ったことがあった。あつしはM養護学校へ行きたくないという意思表示をしたのだ。卒業証書授与の練習の時、あつしは蝶がはばたくようなしぐさを見せた。それは中学校生活に区切りをつけて飛び立つような姿だった。

あつしは絵と言葉で身体の中を潜り抜けた誰のものでもない自分の世界を表現し始めた。あつしは確実に動き始めた。

あつしの存在は保護者、教師、友達など、周りの人達をいつも楽しませてくれた。

安孫子嘉人

色と形で世界を広げる

嘉人はじっと画面を見つめて描いている。形と色を使って画面の中で会話をしている。私にはそんなふうに見えてならなかった。

中学部一年生の四月、初めての授業の時に、嘉人はゲームの絵をさっと描くだけで、ふらふらと教室から出て行ってしまった。連れて来て描かせようとしたら、両手を激しく叩いて怒り出した。

二学期になっても、トミーゲームクイズやプロ野球クイズのような絵を描いている。このような絵は小学部二年のころからずっと描いていたという。画用紙を渡すと画面いっぱいに描き、にこにこしながら自分だけの世界に浸っていた。同じクラスの義夫や卓とも関わろうとせず、自分の描いた作品も、友達の作品も一切見ようとはしなかった。

三学期も相変わらず同じような絵を描いていたが、十分もすると両手を叩いて不快感を

表した。自分の描く絵に苛立ちを感じているように見えた。違うものを描きたいのではないかと思い『スーホの白い馬』を描くように言った。しかし、嘉人が描いたのはゲームの絵だった。

二月、作品展に向けて、校庭にある銀杏の木を描いた。三クラスで四季を分担し、嘉人のクラスは秋の銀杏の木を描くことになった。クレヨンで義夫が幹と枝を、嘉人と卓は黄色い葉を描いた。次はその上に空色の水彩絵の具で一面に塗っていく。クレヨンで描いた銀杏の木は絵の具をはじき、空がくっきりと映えた。嘉人はうれしそうに手を叩きながら空を描いていた。作品展では春夏秋冬の銀杏の木が体育館に展示された。

一年が終わった。「嘉人、嘉人」と呼ぶと「嘉人、嘉人」と、同じように言うオウム返しが相変わらず続いている。一日の予定が崩れるものならわめき、うろつくなどパニックを起こした。作品の上では少しずつ変化が見られたが、生活の面ではほとんど変わらなかった。

二年の四月、草花の学習をした。散歩しながら、たんぽぽ、菜の花、ねぎ坊主、すみれ、れんぎょうなどを観察したり、採ってきたりした。教室に持ち帰った花を、図鑑で調べて、絵に描く。嘉人は、相変わらずゲームや店を描いた。けれども描き終わると、図鑑を繰り返し繰り返し見ている。ふと気が付くと、図鑑の木蓮を描いていて、その横には菜の花も描かれていた。次の時間も桜の花と葉を描き、それに嘉人の好きなマスコットを描き加えた。しかしその後はいつもの自分の世界の絵を描き続けていた。

〈前原先生〉

七月、とっさの思い付きであったが、担任の薮塚先生に子どもの顔を描いてもらい、その絵を模写することにした。嘉人は今までのパターンではなく、一枚一枚表情が違う人間を五枚描いた。意識して描いており、私は嘉人の心の変化を感じた。

その後、数学の前原先生と友達を描く。明らかに作りごとではない人間が出てきたと思った。

「石井先生」

嘉人に「何を描く?」と聞くと「石井先生」と言う。いつもはトレパンにトレシャツの私だが、その日は縦縞のワイシャツを着て行った。画材は白ボールに水性マジックにした。とにかく私をよく見て、目・鼻・口・と描いて、肩のあたりで紙が終わった。ワイシャツの縞模様も描いた。次は水性マジックで色を付ける。いつものように顔から塗り始めた。初め黒で塗りつぶしていた髪の毛は、途中から一本一本描くようになった。薄くなった私の髪の毛をよく見ている。着ていたワイシャツは薄茶に白の縞だったが、嘉人は赤、緑、水色で塗った。バックが縞になっているのは、偶然白ボールに黒いテープが帯状に貼られていたので、私が「そのように描けば」と言ったからである【1】。

そのころ嘉人は絶えず教室の鏡を見ていた。鏡に向かって「嘉人、嘉人」と繰り返し言うのだが、その視線は見ているようで見ていない感じがした。鏡を見て自画像を描かせたのだが、案の定、顔をさっと描き服は縞模様、バックも縞模様、「石井先生」と同じパタ

1〈石井先生〉

2〈自画像〉

ーンになった。けれども色は偶然そこにあったものを使ったらしいが、油性マジックで虹のように描いている【2】。油性マジックの匂い、透明感、すっきりした色が気に入ったようだ。自画像をカレンダーの表紙にして、市長、福祉関係、教育委員会、学校関係、卒業生の働いている事業所に配った。私が「表紙は嘉人君が描いたのです」と説明すると、嘉人は「僕が描きました」と付け加えた。ぶっきらぼうだがうれしそうだった。授業以外では相変わらず建物やゲームなどを描いていた。

その後、一年生の時にはゲームの絵になってしまった『スーホの白い馬』を再び取り組ませた。嘉人にとってこの物語は難しいかもしれない。しかし、モンゴルの大草原を舞台に、壮大で美しく感動的なこの絵本は、必ず嘉人の琴線に触れるに違いないと思った。私はどうしても描かせたかった『スーホの白い馬』を心を込めて読んだ。嘉人はやさしさにあふれた作品を描いた。

一年間が終わっても日常生活の変化は、ほとんど見られなかった。むしろ、大変になってきたと言ってよい。予定へのこだわりが激しくなり、その通りにならないと大変だった。半年以上先の予定までカレンダーに書き込み、それを何度も繰り返し読み上げた。それでも飽き足らず母親や担任に読ませる。予定に固執する余り、カレンダーの前から離れられない。取り組まなければならないことにすんなり移れずに、パニックになることも度々だった。

「おおきなかぶ」

嘉人は三年生になった。中学部は、自閉的傾向を持っている一年生の泰臣、まだオムツもとれずに言葉のない二年生の匡、それに嘉人の三人である。

国語の時間に『おおきなかぶ』を読む。絵も好きだったが、「うんとこしょ、どっこいしょ」のリズムが気に入っていた。とてもうれしそうに「うんとこしょ、どっこいしょ」と何回も言う。

ストーリーの明快さ、ダイナミックでリズミカルで心豊かな文と絵に導かれ、物語の内容も理解したようだ。最初は一枚か二枚描けばよいと思ったのだが、結局、十ヶ月かけて十四枚描いた。

初めは、絵本をよく見ながら描いた。一枚目【3】は、「おじいさんがかぶをうえました。あまいあまいかぶになれ、おおきなおおきなかぶになれ」という場面を二十七㎝×七十八㎝の横長の白ボールにポスカで描く。嘉人は建物から描き始めた。今までにも建物はたくさん描いているが、このように立体的でリアルな描き方は初めてだった。おじいさんの髭は絵本とは違い、黒で描いている。周りが白いので黒くしたのだろうか。かぶも二つ描かれていてまさに嘉人の絵だと思った。

二枚目【4】「あまいげんきのよい、とてつもなくおおきいかぶができました」驚いてひっくりかえりそうになりながら、片足を上げているところは、静止しているのに動いているように見える。まさに嘉人のバランスだ。背景を描いている途中に、買い物学習の絵が始まり、そのままになってしまった。

六月頃から、義人と泰臣が私のいる多目的室にやって来るようになった。そこには大きな四角いテーブルがあり、ポスカやマジック、白ボールなどの画材が置いてある。二人は入り口から覗き込み、私がいると入って来て黙々と絵を描いて行く。美術の時間よりここで描いている方が多いくらいだ。

六月中旬、電車に乗って買い物・テーブルマナー学習で高崎に行く。電車に乗り、大好きなハンバーグを食べた嘉人は満足そうだった。その思い出を絵巻物に描く（二十七㎝×七十四㎝）。

桐生駅から電車に乗り高崎駅で降り、デパートで食事をしたところまでを一枚の白ボールに描いた。楽しそうにびっしりと色を塗っているのだが、「おおきなかぶ」のような瑞々しさが乏しいように思えた。しかしそのまま見守った。

掃除の時、泰臣が何かぶつぶつ言っている。よく聞いてみると「らいおん、らいおん」と口ずさんでいた。国語の時間に読んだ詩「らいおん」(『どきん』)が大好きになった泰臣に、「多目的室に来て描いたら」と言うと描き出した。嘉人は興味なさそうだったが、泰臣が熱心に描いているのを見て描き始めた。大きなテーブルに二人で座って描いている。会話は全くなく、二人とも黙々と描いている。しかし少なくとも作品の中では、明らかに二人は影響し合っている。

私は「おおきなかぶ」の続きを描くように勧めた。嘉人はしばらく本を眺めていたが、

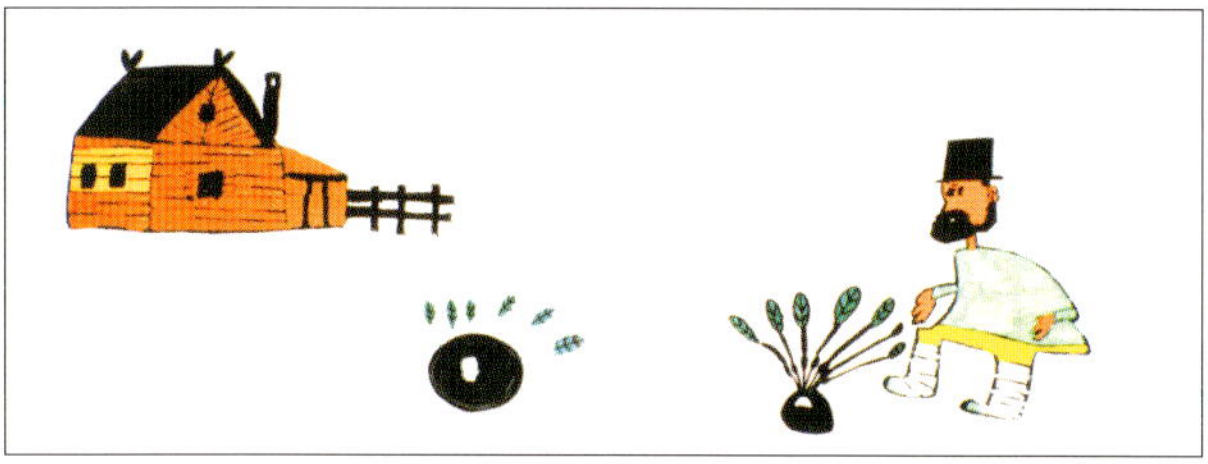

3〈おおきなかぶⅠ〉

4〈おおきなかぶⅡ〉

5〈おおきなかぶⅢ〉

6〈おおきなかぶⅣ〉

7〈おおきなかぶⅤ〉

やがて描き出した。

三枚目【5】「おじいさんは、かぶをぬこうとしました。うんとこしょどっこいしょ、ところがかぶはぬけません」原画では、おじいさんがかぶを両手で持ち、力いっぱい抜いている。嘉人の絵はおじいさんが正面を向き、悲しい顔をしている。右足が異常に長く、手がとても小さい。あまり引っ張っているようには見えないが、画面からは引っ張っても抜けないで困っているようすが窺える。

四枚目【6】「おじいさんは、おばあさんをよんできました。おばあさんがおじいさんをひっぱって、おじいさんがかぶをひっぱって、うんとこしょどっこいしょ、それでもかぶはぬけません」原画ではおじいさんとおばあさんの表情も身体つきも似ているように見えるが、嘉人の作品のおじいさんは痩せ細っていて、おばあさんは太っている。おばあさんの顔つきは口を真一文字に結んで、これでも抜けないのか、という感じがよく出ている。背景にも色をつけたらと言うと、自画像の時のように、ピンク、青、紫、朱色で塗った。広い畑の中でかぶを抜いている作品となった。

五枚目【7】「おばあさんはまごをよんできました」の場面を描き始めた。おじいさん、おばあさん、孫の表情がいい。背景は焦茶色を中心に塗っているが、山のようにも見える。上方に塗られた線は、まるで虹のようでひときわ美しい。嘉人はじっと画面を見つめて描いている。形と色を使って画面の中で会話をしているようだ。

次の作品から、絵本の絵の順番にはとらわれなくなり、「まごはいぬをよんできました」

の場面を二枚描く。最初の絵（六枚目）【8】は、かぶを中心に赤、茶、紫色が放射状に塗られる。白いかぶ、おばあさんのスカーフ、今まで黒かったおじいさんの髭は、この絵から白くなる。白が実に効果的だ。もう一枚の絵（七枚目）【9】は、おじいさんとおばあさんがかぶの横に座り、孫が走って犬を連れてくるところを描いている。寒色から暖色まで幅広く使い分けている。

八枚目【10】は、犬が猫を呼んできた場面を描く。呼んでいるのではなく、まるで犬が猫を説得しているようだ。私には猫は手伝いに行きたくないが、行ってやるかなと会話しているように見える。犬を黒にし、猫をオレンジにしたり、黒い縞模様にしているのは、明らかに画面全体を意識しているのだろう。

九枚目【11】は、おじいさんとおばあさんと孫と猫とネズミが、かぶを引っ張っているところである。

全員がつながっているが、引っ張ってはいない。銀色が画面の中心に幅広く塗られ、猫とネズミの色も八枚目とは異なる。作品全体が調和しバランスがとれている。私には登場するものたちそれぞれが、かぶを抜くということでは一致しているが、みな違うことを考えていて、それぞれがそれぞれのイメージをもって引っ張っているようにとれる。だから、表情も個性的なのだ。

これだけ絵が好きでたくさん描いているので、夏休みに白ボール、ポスカを持たせたが、一枚も描いてこなかった。絵は学校で描くものと決めているようだった。

9〈おおきなかぶⅦ〉

11〈おおきなかぶⅨ〉

十月、再び「おおきなかぶ」の十枚目【12】を描き出した。おじいさん、おばあさん、孫、犬、猫、ネズミが総動員でかぶを引っ張る場面である。この作品は黒い地面が基調となり、画面の上は、紫、橙、黒、青、黄色に、白いかぶ、白い髭、白いスカーフ、茶色の犬、白と黒の縞の猫。ネズミは紺色で背景の色の中で注意しないとよく見えないが、口のところは白く描いている。

最後のかぶが抜けた場面は四枚描いた。

最初の十一枚目【13】は、原画の「ねこはネズミをよんできました」の場面を参考にして、抜けた喜びを描いている。青が基調で、猫とネズミが青い空の中に浮かんでいるようで、イメージが躍動している。

十二枚目【14】は、絵本の構図に似ているが、ここでは白と朱色が基調で中央に橙を配置し、紫、緑色が散りばめられている。かぶの根の上に乗っているネズミと、おじいさんの帽子は黒で調和をとっている。

十三枚目【15】になると、絵本からすっかり離れた表現になった。みんなが正面を向き、かぶが抜けた喜びを画面一杯に描いている。ねことネズミはかぶがぬけてよかった。さようなら、おじいさん、おばあさん、娘さん、と言って帰って行くようだ。中央の塗りむらのある画面も作品を大きく見せている。

十四枚目【16】は、原画とまるっきり離れた作品だ。白と黒を基調にしている。白いおおきなかぶは、黒い背景の中にある。右半分の白い空間の中に、黒、赤、黄、紫、緑色など

8〈おおきなかぶⅥ〉

10〈おおきなかぶⅧ〉

12〈おおきなかぶⅩ〉

13〈おおきなかぶⅪ〉

14〈おおきなかぶXII〉

15〈おおきなかぶXIII〉

16〈おおきなかぶXIV〉

17〈スーホの白い馬〉

の色をした猫、孫、ネズミなど登場人物が全て描かれている。左半分の黒い画面はカーテンのようにも見え、もう描くのはこれでおしまいと、おじいさんが幕を引いているみたいだ。全部で十四枚の作品を私はこのように見た。どの作品も独創的でマンネリに陥ることがなかった。

嘉人はロシア民話『おおきなかぶ』を読み、その作品に導かれて、鮮明な色と形で自分の世界を広げていった。三枚目から、絵本をじっと見つめ、確かめて、形や色を決めていた。なんと言っても色彩が鮮やかで、色の組み合わせが絶妙なバランスを保っている。日常生活の中でのバランスの悪さからは到底思いも及ばない。つぎつぎにイメージを広げ、嘉人の感性が美しい形や色となって表現された。画材にポスカを使ったが、この材料と自閉的傾向の子どもの几帳面さもこの作品には欠かすことのできない要素であった。

『おおきなかぶ』の挿絵を描いた彫刻家の佐藤忠良さんは、嘉人の絵に驚き、「私は、おおきなかぶの絵は自分で気に入らず三度全部描き直した。それでも、おじいさんがかぶを押しているようにしか見えない絵になってしまった。もっと詩的な心があれば違っていたかも知れない」と丁寧な手紙をいただいた。

「スーホの白い馬」

私が『スーホの白い馬』を読んだのがきっかけになり、嘉人は自分で白ボールを横に貼り合わせ、ポスカで描き始めた【17】。今回で三度目。どうしても私が描かせたい題材だった。

途中で立ち止まって見たりしない。ずんずん描いていくが、私には形も色も惰性で描いていてイメージがないように見えた。『スーホの白い馬』の本質に迫っていないと思った。「おおきなかぶ」で誉められ、認められ、それがうれしくて今まで描いてきた絵をなぞっているように見えた。新しい飛躍がないのだ。まだ続けて描きたいと言ったが終わらせた。今まで本人が描きたいように描かせてきて、描きたいのを止めさせたのは初めてだった。しかし私は嘉人の中にあるエネルギーを感じていた。

三月になり、私の提案で「石井先生」を描いた。自分の目で対象を見て、直接確かめながら描くことで新しい作品を作るきっかけができればと思ったのだ。和紙に嘉人の大好きなポスカではなく水彩絵の具で描かせた。和紙は滲みも考えてのことだ。私はマジックで線を描き、水彩絵の具で塗ってみせた。嘉人には手本を示すことは初めてのことだ。絵の具に水をたっぷりつけて描くように言った。この題材が惰性を吹っ切るきっかけになった。

続いて残った絵の具で「自画像」【18】を二枚描いたが、一枚モノトーンに近い色になった【19】。偶然そうなったと言ってもよいだろう。滲みを生かし、柔らかで鋭い作品が出来上がった。嘉人は滲みが気に入ったようだ。

途中で止めた『スーホの白い馬』に再び取り組ませる。ポスカで描いていた上に、水彩絵の具で描くように話した。今までは本人が終わりと言ったものは、それ以上描かせなかった。これも初めてのことだ。嘉人は水彩絵の具で大胆に描き込んだ。勢いに乗り、おおかみと子馬が戦っているところも水彩で描き込んだ。その後同じ場面を和紙に水彩で描い

18〈自画像〉

19〈自画像〉

た。さらにもう一枚和紙に自分からすすんで描いた。おおかみが全身の力を込めてすごい勢いで攻撃する。白い馬は全霊を込めて躍動する。おおかみの形も馬の形も画面にのめり込んでいる。おおかみと白い馬の間に赤い帯が縦に描かれている。赤い帯は戦いの象徴なのだろうか。

嘉人はこのおおかみと戦う場面を三枚いっきに描いた。どの作品もダイナミックで、広がりのあるスーホの世界を作った。

三月になってから私はぐいぐいと引っ張った。あの「おおきなかぶ」を乗り越えるには、そうでもしなければ卒業までの少しの時間では間に合わないと思ったからだ。嘉人は「おおきなかぶ」の中で美しい色彩の世界を描いた。描いている時の姿は、まるで哲学者のようだった。嘉人は二学期の終わりには日程のこだわりもほとんどなくなり、パニックも少なくなった。のびのびとして、友達の世話もするようになった。そのあと「スーホの白い馬」で動きのある鮮烈な作品を描いた。描くこと作ることの中で嘉人は生きる喜びを身体全体で表して、卒業していった。

奥村泰臣

心の深いところで会話する

すぐれた豊かな作品は、障害があるとかないとか、自閉的傾向が強いとか弱いとか関係ない。

泰臣は気に入ったものの部分しか描かなかったが、小学部六年生の一学期から、興味あるものを描くようになっていった。担任は、「こだわりと固執が強かったが、一年間で少しずつとれてきた」「担任と目も合うようになってきたし、握手をするようになってきた」と言う。やさしさに満ちた接し方で変わってきたのだろう。

中学部に入り、初めて描いたのが「おおきなかぶ」【1】である。気に入ったものでないと描かないと聞いていたが、嘉人と一緒に描き始めた。初めにおじいさん、かぶ、家を描いたが、画面の周りには大好きな扇風機、エレベーター、数字、テレサ（ファミコン）を描いた。この場面を五枚描く。おじいさんやかぶより、扇風機、エレベーター、数字の方

1〈おおきなかぶ〉

2〈テーブルマナー学習〉

B1

が興味があった。それらのものに固執していて、描かずにはいられない状況だった。しかし、固執して描いたにせよ、エレベーター、テレサ、扇風機はのびのびとしていて躍動的だ。五枚目の作品の数字（エレベーターの階段）とかぶの芽に朱と緑色が微かにつけられた。買い物、テーブルマナー学習は高崎へ行く。電車に乗り食事をし、買い物をするのが、楽しみで楽しみで仕方がなかった【2】。

高崎までの線路と電車の模型を屋上に作ったり、地図を描いたりした。大好きな「海のドリア」を食べ、カエルの柄のついたこうもり傘を買った。それで満足したようすだったが、帰りに高崎駅前のビルの六階にあるプールを見つけて小林先生と二人で行ってきた。このことが一番印象に残ったようだ。泰臣は水が好きなのだ。

サインペンとポスカを使って描いた。桐生から高崎までの駅を描き、その下に電車、エレベーター、テレサ等、右側には画面半分くらいのスペースでプール、そこには人間が泳いでいる。青、赤、桃色、緑、銀色、黄色等、たくさんの色を使っている。泰臣は今までほとんど色を使わなかった。これは嘉人の影響だろう。画面全体は躍動的で繊細で、リズミカルな世界だ。国語の時間に読んだ詩「らいおん」【3】を清掃の時に泰臣が呟《つぶや》いていた。「絵にするかい」と聞くと、すぐに多目的室に来て描き出す。詩もノートに写す。和田誠の絵にも惹かれて、カーニバルのように描く。すっかり気に入り、次に「おおかみ」を描く。

六月に群馬交響楽団の演奏会を聞いた。「未完成交響曲」【4】を描いた。まん中にあるのはトロンボーンなのだろうか。いろいろな楽器のようなものが、リズミカルに配置され

3〈らいおん〉

4〈未完成交響曲〉

ている。

九月、前橋の青少年会館で宿泊学習【12】があった。電車に乗ったり、街を歩いたり、食事をしたりするのは楽しみだったが、泊まるのはどうしても嫌だと言っていた。敷島公園でゆったりと過ごし、時間より少し早めに会館に入った。部屋に入っても一人ぽつんとし、泊まるのは不安のようだったので、ポスカと白ボールを出すと一気に「ファミコン」【5】と「友だち」を描いた。「ファミコン」はまるで生き物のようだが、「友だちの絵はファミコンに出てくる機械のようなものに見えた。このころの作品を見ていると、嘉人と泰臣は会話はないが、作品の上でお互いに影響し合っていることがわかる。

嘉人は引き続き「おおきなかぶ」を描いていたので、泰臣にも描くように言った。初めの「かぶをうえました」と終わりの「やっと、かぶは　ぬけました」のところを描くように勧めた。

四月当初描いた時は、「おおきなかぶ」と関係ない扇風機、エレベーターなどが描かれていたが、この二つの作品には描かれていない。このことはひとつの成長ではある。こだわりのあるものを描いたからと言って、作品がよくないとは言えない。扇風機が描かれていようがいまいが、作品としてどうかが問われるのである。すぐれた作品は、一本の線、形、色、空間が生き生きし、その子らしさが出ている。そこにその作品を描いている時の充実感、喜びがあるのだ。この「おおきなかぶ」二点も喜びがあふれている。この作品のあと、詩集『どきん』の中から「おおかみ」【6】「こうもりひらり」【7】と「みち」【8】を描いた。

5〈ファミコン〉

7〈こうもりひらり〉

6〈おおかみ〉

長い道を描き自動車と雲のような空を描いている。大好きなファミコンの数字も書かれているが、詩がイメージのもとにあったのは確かだ。

宿泊学習以来、「すもう」【9】を描き始める。相撲とりの一人ひとりが、まるで埴輪のように描かれ生き生きとしユーモアもあって、色彩もきれいだ。二枚描く。

この後、「おじいさんとトラック」【10】を描く。「何を描いたの」と聞くと、『おおきなかぶ』のおじいさんがトラックに荷物を積んでいる。荷物の中身はお菓子、かぶのお菓子……」と、とてもうれしそうに話してくれた。こんなに喜んだ顔を見たのは初めてだ。私は思わず「握手」と手を差し出した。泰臣の手は四月の初め、ロボットの手のように固かった。今、手はほんとうに柔らかく温かい。

十二月に入って、私は自分の展覧会に出品するための版画を多目的室に貼って置いた。泰臣はこの作品を見るなり「錦桜橋」と言った。この作品は「渡良瀬川」という題名で、錦桜橋から見た赤城山を描いたものだ。

泰臣は「渡良瀬川」を見て描き出した。「春」と言って描き出した。泰臣の「春」ということばが私の胸の中にずしんと落ちた。

二学期の終わり、籐芸の先生が指導に来た。初めての人だったので、泰臣は固く閉じ込もってしまうのではないかと思っていたが、先生が手を持って指導するとそのまま手を添えて始めた。四月当初は担任とも手を繋がなかったが、一学期の終わりころ、学部の先生や知っている人ならなんとか手を繋ぐようになった。心を開いてきたのだ。

9〈すもう〉

10〈おじいさんとトラック〉

8〈みち〉

11〈みんなといっしょ〉

12〈宿泊学習〉

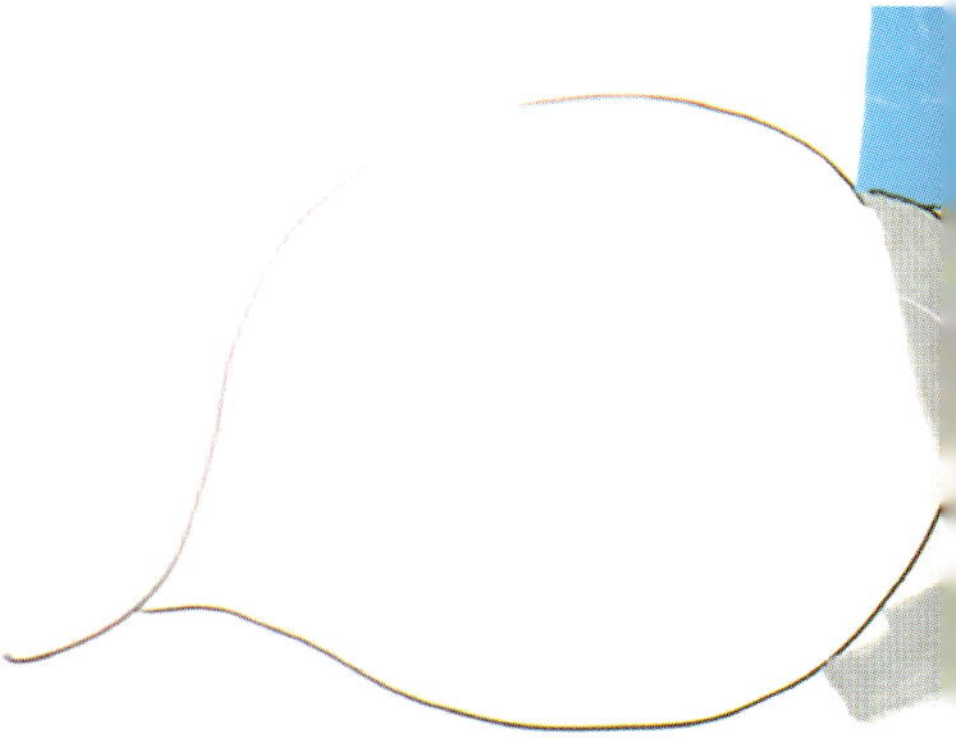

三月、「みんないっしょに」が一年の最後の作品になった【11】。新鮮な軽やかな作品だった。四月からこの一年、「おおきなかぶ」を始め、嘉人も泰臣もたくさんの作品を描いてきた。二人とも作品の上で具体的に影響し合っている。泰臣がテーブルマナー学習の絵から色を付け出したのもそうだ。嘉人は「らいおん」の詩に絵を描くのには関心を示さなかったのに泰臣の絵を見て描くようになったのもそうだ。会話は全くないが、心の深いところで会話をしているような気がする。二人とも絵の中でたくさんの話をしているのだ。

それにしても二人ともこの一年間どれほどの時間を描くこと作ることに費やしたことだろう。美術の授業は週二時間、行事でつぶれることも多かったが、クラブの時間、空き時間で描いてきた。二人とも作品を作る中で自由になり、解放されるからにちがいない。

『おおきなかぶ』、『どきん』などというすぐれた教材、学校の周りの自然、学校の明るく自由な雰囲気、こういうものが総合されて、彼らを解き放ち、つぎつぎと優れた作品が生まれてきたのだと思う。だから生きる喜びが作品に溢れている。

薗田祐樹

表現する中で育つ

底知れぬ力に私は身震いした。ここでも限りない人間の可能性を見たような気がする。

祐樹の通学する中学校は、桐生市の一番北にある。生徒は全員で百四十一人。知的障害を持つ祐樹が入学する時に障害児学級ができ、そのために私は養護学校から赴任した。私は障害児学級と美術を担当した。三年間、障害児学級は一人だった。祐樹は梅田でも一番奥の梅田湖のさらに北に住んでおり、スクールバスで通学した。祐樹は小学校の時から障害児学級で過ごした。学級は三、四人のこともあったが、ほとんどが一人か二人だった。

祐樹は知的障害を持っているが、基本的生活習慣はできているし、会話も他の中学生とほとんど変わらない。しかし教室で話を聞く時、緊張感がなくなりすぐにふらふらし始める。例えば、好きなテレビを見る時でさえ、同じものをじっと見ていられず、やたらとチャンネルを回す。音を大きくしたり小さくしたりする。そして教室の中を歩き回る。叱ると手を頭に当てて身構えおどおどする。しかしすぐにまた同じことを繰り返す。機械類が好きで、家にあるカセットなどをいじり壊してしまう。教室のカセットやテレビも絶えずいじっている。

障害児学級としては、国語、社会、数学、理科、生活単元学習、作業学習、朝と帰りの会をし、その他の学習はなるべく普通学級の生徒と交流させようと考えた。英語もとりあえず一緒に学習することにした。

一年生

・山登り

四月、私が「好きな絵を描いて」と言って描いた作品。描かれている太陽や人間を見ていると、祐樹の思ったり考えたりしていることが見えるような気がした。

・石井先生【1】

「何を描いてもいい?」と聞くので「いいよ」と答えた。六月、私の鼻をほじる癖を描く。いろいろな色が使われ、解放されている祐樹の自画像でもある。

五月ごろから私がワープロを打っていると興味深そうに見ていた。休み時間に職員室に行き、教室に戻って来ると画面にデタラメな文字が並んでいた。「打っていいよ」と言うと、同じ文字を続けて打ったり、キーキー音を立てて打っていた。少し教えようと思った

1〈石井先生〉

が、しばらく触らせておいた。文字が出るのがうれしいらしい。とにかく機械類いじりが好きなのだ。

初めはローマ字入力で教えた。アメリカとかバスとか祐樹の好きな文字を打った。「家族や友達などの名前を打ちたい」と言うので、拗音、促音も教える。何回も何回もやったがなかなかできない。できないとやたらとキーを叩き、どうにもならないと癇癪を起こしたり投げやりな態度をとったりした。

それでも覚えたくて何回も何回も挑戦し、とにかく一人で一応打てるようになった。祐樹はうれしくて暇さえあれば先生方の名前、全校生徒の名前、天気のこと、電車や駅の名前など手当たり次第に打った。多少間違っていてもたいして気にせず打ちたいだけ打たせた。

国語の時間に読んだ祐樹の大好きな詩集、『どきん』、『てつがくのライオン』、『しかられた神様』など何回も音読してから打った。自然にいくつものの詩を暗記していた。なかでも好きな詩は、中学校一年生の国語の教科書にある工藤直子の詩で、「おれはかまきり」だった。

九月の終わり、運動会を機会に身体のことを学習した。これが自分だと言った。骨まで見えるいわゆるレントゲンと言われる作品だ。運動会は普通学級に属して練習した。クラス全員縄跳びなど、打ち解けてよくやっていた。卓球部もほとんど休まずにやるようになってきていた。

・カレンダー（十一月、十二月）
カレンダー制作を十月から取り組んだ。二十部刷って世話になっている人達に贈った。

表紙　うみ
一月　お正月
二月　木と鳥がいる
三月　はるがきった
四月　三人鳥
五月　よだかの星
六月　およぐイワナ
七月　あっ、かみなりだ
八月　プールとマンボウ
九月　ピクニック
十月　あっ柿だ
十一月　とげとげの山
十二月　大雪だ

「木と鳥がいる」「はるがきった」「三人鳥」などの題名が自然の事物に対する特徴ある

った。表現。これはあきらかに詩の影響がある。また山の中に住んでいる祐樹の生活の絵でもあった。

ポスターで猫の絵を描いた時以来、私に猫の話をたびたび聞かせてくれた。それを私は書き留めた。書き留めたものを祐樹が写し、読み直し書いた。チビ、チッポッポ、クリ、まる子という名の猫が、起きる時間とか猫同士の喧嘩で祐樹の好きな猫が負けて悔しかったり猫の踊りなど、猫と祐樹の生活がユーモラスに生き生きと書かれている。

「猫の一日」をワープロで打った。この文章は明らかに『どきん』『てつがくのライオン』『しかられた神様』などの影響を深く受けている。詩『のはらうた』の中の「みずくさちょん」というところが好きで清掃の時なども絶えず口ずさんでいた。

「猫の一日」には解放された祐樹が出ている。大好きな猫と、猫を通して友達や教師や家の人を見ているが、今までに学んだ物語や詩の世界が見事に取り込まれている。詩との出合いは祐樹の中に潜んでいたものの見方、とらえ方、言葉を呼び覚ました。

二年生

・夢　油彩（四月、五月）

一年の十一月「まる子」が死んで天国に行った絵をサインペンで描いたが、美術部で油彩を描いているのを見て、油絵の具でも描きたいという。描き方など教えず、パレットに絵の具を出し一気に描いた。

・石井先生【2】（油彩）（六月、七月）

私の顔をよく見て描いた。一年の時に比べると、見る目、認識の確かさがある顔である。

・猫の一日【3】（九月、十月、十一月）

一年の三学期に書いた猫の一日を障子紙に絵巻物のように墨で描いた。（三十㎝×十九m）三カ月かかった。泉が湧くように、時には休み時間にも描きたくて描きたくて仕方がなく描く。どのくらい続けて描くのかわからないが、とにかく好きなだけ描かそうと思った。初めは筆ペンにした。「どう描くの」と聞いたので「作文に書いた通りに描いて」と言うと、「まる子は紐で遊ぶんだよ」などと言いながら描いていた。

途中から筆ペンでなく硯で墨を摺って描く。筆の使い方など教えなかった。生き生きした絵、文字はまったく私の予想を超えるものだった。描くにしたがって墨の色や、筆運びも違うのか、文字も絵もより生き生きとしてきた。今まで集中するものはコンピュータだけだったが、集中して描いた。この作品を描きながらますます祐樹は解放され、心からの喜びを見い出したような気がする。この作品は祐樹の生活を感じさせるものであると同時に、祐樹が変わる大きな節目になった。

・カレンダー（猫のカレンダー）（十一月、十二月）

作業、生活単元、国語等の時間を使って作った。

主に浦沢先生の指導でコンピュータとデジカメを使い「猫の一日」の絵巻や猫の生活の絵を基に作った。コンピュータの操作もどんどん覚えた。

猫の一日

僕のうちには
猫が四匹います。
猫の名前はチビ
とチッポッポとクリと
マル子です。

一番若い猫は
マル子です。
マル子は黒で
頭がちょっと白いです。
オス猫です。
新聞さんから祐樹が
もらいました。
うれしかったです。
マル子は朝五時四十分
ころおきます。
こたつの上でねてい
ます。
ずっとねています。
十二時頃までねています。

わかったよといいまし
た。
祐樹はかわいそうといい
ました。
マル子がチッポッポと
けんかをしました。

チッポッポはばあさん
猫です。
かみのけは茶色
ほかもみんな、
茶色八十九才
です。
もう年だから
チッポッポは
夜中の二時五十分
に起きます。
チッポッポは二時
五十分にクリと
けんかをします。
クリが勝ちます。

を食べて水をのみます。
家でひもで遊びます。
じゃれし遊びます。
祐樹ガ学校から
帰えるとまたこたつ
の下でねています。

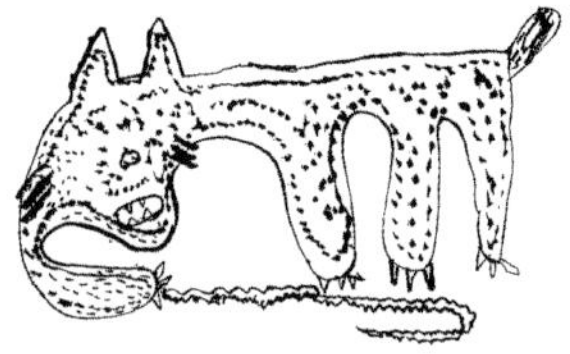

マル子ちゃんと
いっています。ニャーン
といっています。
マル子が自分の
名前をいっています。
祐樹はかわいいねえと
いいました。
マル子はうえーうえー
となきました。

お母さんにきいたら
五時頃けんかしたと
いいました。
マル子が勝負して負けた
うえー、うえーと泣きました
祐樹はがっかりしました。
マル子はくやしい、祐樹もくやしい
。マル子は元気になりました。
八時四十分にねます。
おきる時間は6こ5 6分に
おきます。

うえんうえん
うえんと泣ききま
した
チッポッポはこんな
勝負ヤだと言いました。
歌ってチャンチャンと
と言いました。
●
その時マル子はニャーオン
と言いました。
チビはうんこを漏らし
ました。
おしっこも漏らしました。
四時七分にチッポッポ
が餌を食べました。
キャットフードを食べま
した
何だこの味といい
ました。
まじいといいました。
マル子が手をだしま
した。

6〈猫とぼく〉

4〈チッポッポ〉

2〈石井先生〉

5〈天国へ行ったマルコ〉

・「チッポッポ」（一月）【4】

私が障害児を教えているというのを聞きつけて、古代米を作っている黒崎さんから「作品に使ってください」と赤米、黒米を頂いたり、テキスタイルクリエーターの新井淳一さんから竹富島の粟を頂いた。「色紙にボンドで張り付け、絵を作ろう」と言うと『チッポッポ』にすると言って作った。ピンセットで一粒一粒張り付けた。

・「天国に逝ったマルコ」油彩（三月）【5】

「こたつの中のクリ」「マルコの葬式」「猫とぼく」【6】など猫の絵をたくさん描いた。

三年生

三年生になり国語、数学、社会、理科等の教科以外は全て三年生の学級で過ごすことにした。祐樹の希望でもあった。

・『あんぱるぬゆんた』（二十八㎝×七ｍ）墨・障子紙（四月、五月）【7】

祐樹は沖縄民話『あんぱるぬゆんた』を読んだ。一つひとつの意味は正確には理解できないものもあったが、とにかく面白いと言った。何回読んでも面白いと言う。言葉にはリズムがあり「はーはいへい」とかの囃子言葉が面白いと言う。祐樹は虐げられた民衆のおおらかさとしたたかさを感じているようだった。「絵巻物にするよ」と言うと、喜んで描き始めた。途中飽きてしまいそうなこともあったが、最後まで集中して描いた。描きながら蟹が生きているように動き出す。蟹がリアルなのは物語が好きなことと、祐樹にとって蟹は生活の一部であった。祐樹の家の裏山は日光の山々につながっており、家のすぐ後ろに谷川が流れている。小さい頃、蟹を捕ったり、蟹と遊んだ経験があることも大きな意味を持っているように思われる。

・「やまなし」（二十八㎝×七ｍ）【8】

引き続き国語で『やまなし』を学習した。この作品は賢治の作品の中でも私の大好きな作品の一つである。読んでいくにしたがって「クラムボンはわらったよ」などという会話にどんどん惹かれていった。「これも絵巻にするかい」と言うと、にこにこして描き始めた。宮澤賢治の不思議な世界のとりこになったようだ。物語が描き終わった後、用紙が残っていたので、蟹を描いてグワッシュで色を付けさせた。ここでも蟹は躍動している。描きながら生き生きとしている。『あんぱるぬゆんた』の蟹と明らかに違っている。「海の蟹と川の蟹との違いですかねえ」と言われたが、よく見るとそのようにも見える。『やまなし』の蟹のほうがゆったりとしている。祐樹の現実の世界と、宮澤賢治の幻想の世界が描かせたのではないかと思う。祐樹は『あんぱるぬゆんた』『やまなし』を描きながら、物語を自分のものにしていった。文字も絵も終わりのほうになるに従って、生き生きと命を吹き込んでいった。

・蟹（一）（二）（三）（九月）【9】

『あんぱるぬゆんた』『やまなし』のあと障子紙に四枚蟹を描いた。祐樹の蟹を見ていると、イメージがはち切れそうに思われた。わたしは思い切って大きな障子紙（九十四㎝

×七ｍ二十㎝）と太い固い筆を作って用意した。美術室一杯に紙を敷き描いた。一枚目、二匹の蟹を身体中を使って一気に描いた。線は躍動している。大きい紙なのに何の躊躇もない。チューブにあるだけの赤で彩色した。

二枚目、一週間後に描いた。二匹の蟹を今度は太い線で描いた。一枚目は一気に描いたが、描き終わってから線を付け加えた。これまで書き加えることは一度もなかった。改めて自分の作品を見つめたのは、この時が初めてだったように思う。色をつけるように言って赤と朱のポスターカラーをいらなくなった給食のお皿とバケツにいっぱい作った。迷っていたので「床にこぼしてもよいからどんどん塗ったら」と言うと、筆にいっぱいつけて塗り始めた。線から色が出るのを気にしているので、自由に塗ってよいのだと言った。

三、四枚目は翌日描いた。二枚ともほとんど同じように描いた。しかし、四枚とも壮大な作品になった。祐樹に気負った様子はなかったが、私は鋭い視線を感じた。

・カレンダー　蟹　（十、十一、十二、一、二月）

二千年のカレンダーはコンピュータで修学旅行とカニカレンダーを作ることにした。『あんぱるぬゆんた』に出てくる十二匹の蟹を障子紙（二十八㎝×七ｍ）に描いた【10】。これだけ描いても蟹は生き生きとしている。お盆に赤、朱、焦茶、黄色、黒を出し、それを混色しながら描いた。デジカメで撮影。カレンダーができ上がっていくのがうれしくて仕方がなかった。祐樹のコンピュータの操作もますます上達していった。

・蟹（Ⅴ）（十二、一、二、三月）

おかがに　はまがに
のこぎりがざみに　たいわん
がざみ　おきなわあなじゃこ
あしはらがに　そでがらっぱ
に　みはりがに　ぜんそくが
に　もくずがに　けぶかおうぎ
がに　いぼいわおうぎがに
しゃみせんかかえて
しおまねき
がしゃごしょ　ざわざわ
あつまった

やまなし

宮沢賢治

小さな谷川の底を写した
二枚の青い幻燈です。

一、五月

二疋の蟹の子供らが
青じろい水の底で話して
いました。
『クラムボンはわらったよ。』
『クラムボンはかぷかぷわ
らったよ。』
『クラムボンは跳ねて
わらったよ。』
『クラムボンはかぷかぷわらったよ。』

『お父さん、お魚はどこへ行ったの。』
『魚かい。魚はこわい所へ
行った。』
『こわいよ、お父さん。』
『いいいい、大丈夫だ。心
配するな。そら、樺の
花が流れて来た。
ごらん、きれいだろう。』
泡と一緒に、白い樺の
花びらが天井をたくさんすべ
って来ました。
『こわいよ、お父さん。』
弟の蟹もいいました。
光の網はゆらゆら、のびたりちぢんだり、花びらの影と、
8〈やまなし〉

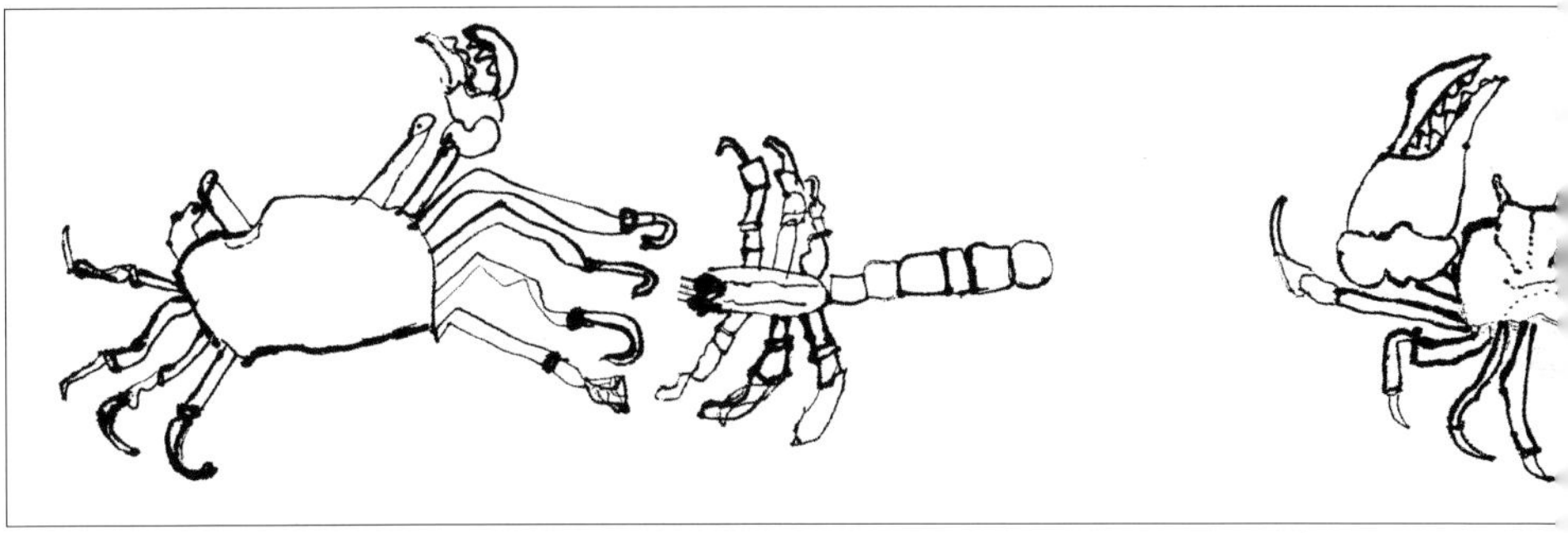

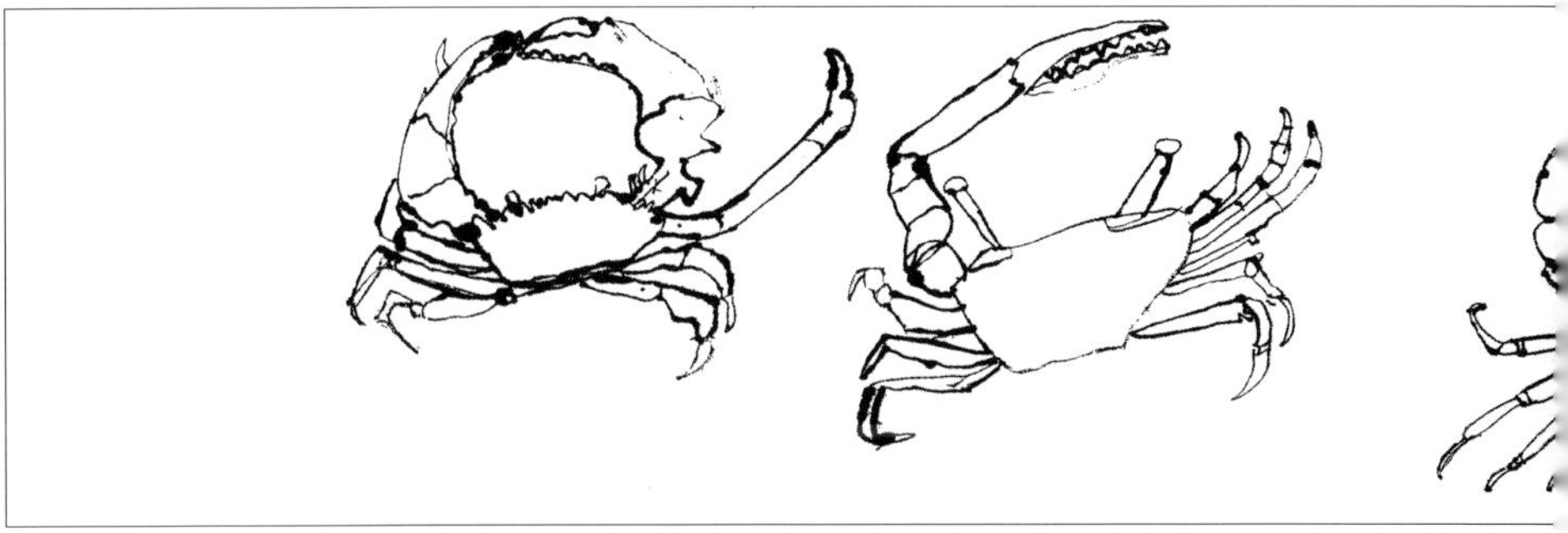

つぶつぶ暗い泡が流れて行きます。

『クラムボンはわらってゐたよ。』

『クラムボンはかぷかぷわらったよ。』

『それならなぜクラムボンはわらったの。』

『知らない。』

9〈蟹〉

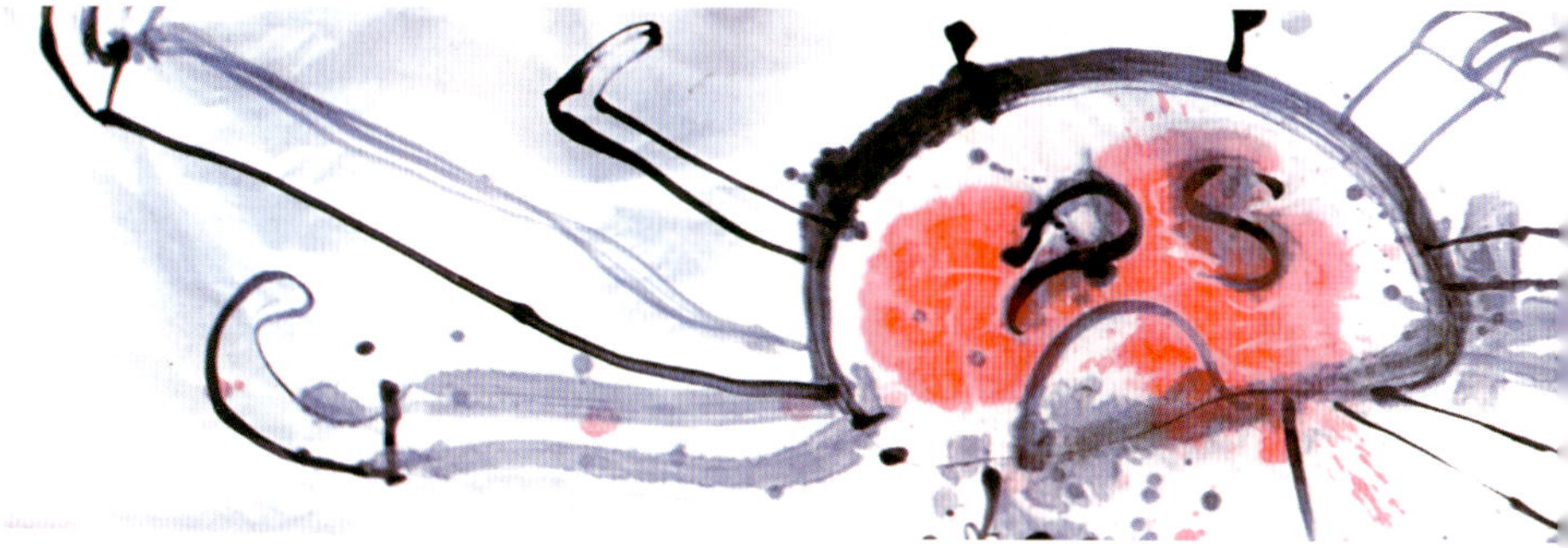

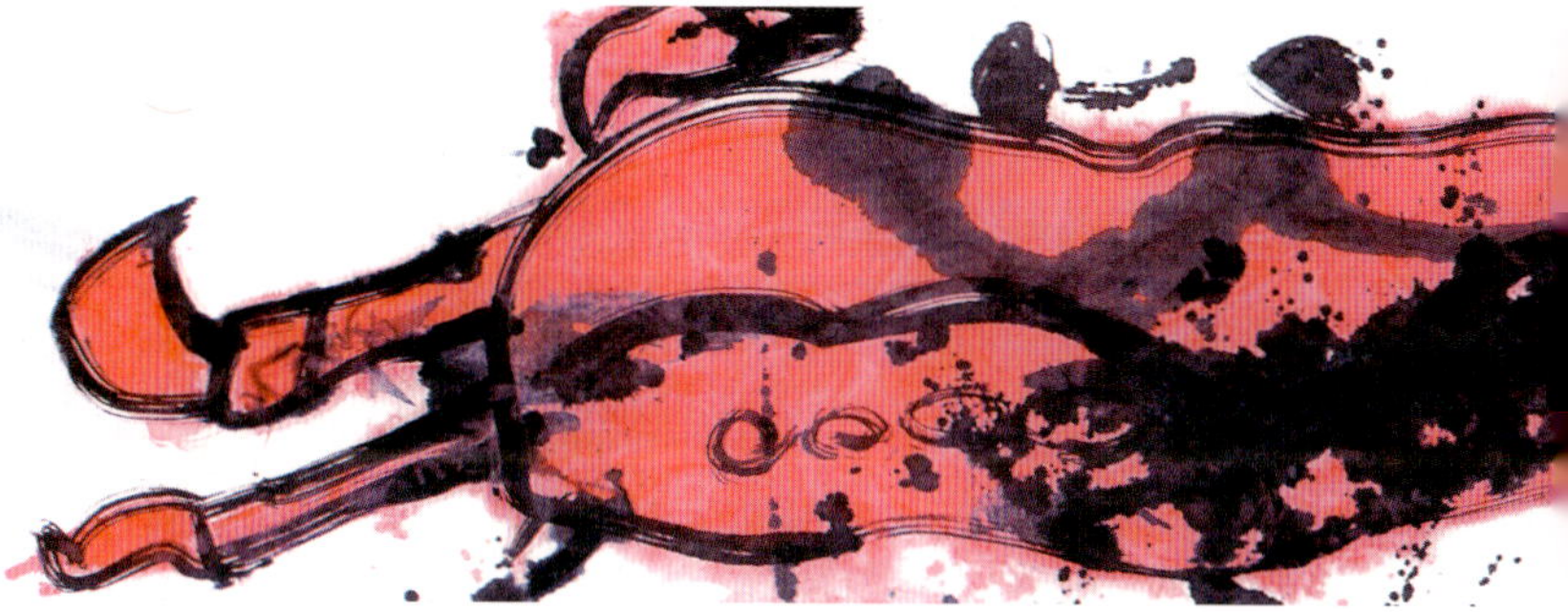

11〈蟹V〉

10〈蟹絵巻〉

十二月、蟹をもっと描きたいと言うので思い切って（九十五㎝×五十八ｍ）の大きな障子紙を用意した。今までの授業のほかにカレンダーづくり、進路の学習など忙しい時期と重なったが、とにかく描きたいだけ描かせようと思った。祐樹の手がぐいぐいと描き進む。十六匹の蟹を描いたが一大物語のようだ【11】。

初めの三匹は雄大な羽を伸ばしたような蟹である。特に三匹目の蟹は縦横無尽。次の三匹は少しずつ静まりエネルギーを蓄えている。次の三匹はまた動きが激しくなり、最後は足が小さく異様に長い胴体の蟹になった。中央で少しまとまり左右に大きく広がる。初めは雄大に激しく、最後の三匹は華やかに激しく美しく描かれている。全体像を見ないで描いたのに一匹一匹の空間、全体のバランス、構成力が見事である。全体像を見た時、まるで壮大なシンフォニーを奏でているようであった。

・埴輪になったぼく

蟹と併行して、二〇〇二年群馬県で行われた国民文化祭のポスター原画を描く【12】。私が文化祭の係になっており、ついでにということもあったので思い切って描かせた。そのうちの二枚が一、二等になった。プロも多数応募しており、全国応募で七百点もあった。一位になったのは「埴輪になったぼく」という作品だった。審査員の一人、デザイナーの福田繁雄氏は審査講評の中で「薗田さんの作品は完成したら国際的なコンクールにも出せるものではないかと思われるほどユニークな作品です。今こうやってみると顔の目の周りの赤らみが高揚していて、なんとなく暗い雰囲気の時代の情報しかない中で、このポスタ

ーを見たらみんな微笑んでくれるのではないかと思われるくらい、楽しげなポスターになると思います」とコメントしている。この作品は国民文化祭のポスターとなった。

描くことの自信は他にも広がっていく

・書

国語の授業で『故郷』を教えたあと、『故郷』に出てくる文字を和紙（六十㎝×八十㎝）に、川、坂、河、石など思いつくまま二十枚くらい一気に書いた。聾学校での書の実践を見て、いつか書かせようと用具一式を教室に用意しておいた。これといった理由はないが、今この瞬間に書かせるとよいと直感的に思った。大きい紙に太い筆は感触がいいのか、ぐいぐい書いていく。まず、故郷という字を書いた。躍動する文字、バランス、それに魯迅の文章にあっているように見えて、ただびっくりした。引き続き、好きな文字を書くように言うと、空、川、河、石、克、花等十枚書いた。花など書き順が違っているが、書きたいように書かせた。面白くて何枚も何枚も書いた。勢いがあり、なんとも言えないバランスの取れた美しい作品だ。一月、校内書き初め展の課題で「未知への挑戦」という字を書く。祐樹は百二十枚の書を書いた。

・朗読

国語の授業で二年の時、太宰治の『走れメロス』の劇を見て「祐樹もやりたい」というので、国語の教師に相談すると、『走れメロス』の朗読テープを貸してくれた。

12〈埴輪になったぼく〉

祐樹はそのテープを何回も何回も聴いていた。朗読者の模倣で読む。聞いていると、これが祐樹かなと思うほどであった。それきりであったが三年生になり、他の三年生と同じ教科書にある、井上ひさしの『握手』を読み始めた。文は長いし、祐樹の学力では難しい漢字ばかりで、読み通すことは至難の業だと思った。祐樹はそれでも読みたいと言った。祐樹に相談するとテープを聴きたいと言う。一回に四十分はかかるが、休み時間など十分とか二十分とか暇さえあれば聴いていたらしい。家に持っていき百回は聴いたと言う。祐樹は四十分もかかる文章をほとんどルビをつけないで、すらすらと読んだ。

引き続き、魯迅の『故郷』を読む。この文章も四十分はかかった。『握手』ほどの回数は聴かなかったが繰り返し繰り返しテープを聴いた。会話のところなど特にテープの朗読に似ているが、まさに祐樹の朗読になった。語尾がはっきりしないところもあったが格調高く読んだ。朗読するにあたって、漢字や言葉の細かい意味はほとんど教えなかった。大体の意味が何となくわかればいいと考え、読んでいる中でそのつど要求に応じて言葉の意味や内容を教えた。

その後模範テープのない『あんぱるぬゆんた』『やまなし』吉野弘の『夕焼け』や『どきん』森鷗外『高瀬舟』等を朗読した。たくさん朗読した中でもとくに『故郷』と『やまなし』は祐樹のお気に入りで、何回も読んだ。読むたびに言葉の持つ美しさや間の取り方がよくなっていった。

想像を超えた成長

祐樹は入学した時は中学生にしては小さく、どこかおどおどしているつぶらな瞳の少年だったが、自然、友達、教師、家族の中で育っていった。絵や書や朗読で見せた表現力はエネルギーになり確実に生きる力になった。

私は描く内容や技術など時々教示しただけであったが、予想を超えた作品がつぎつぎと生まれてくることに圧倒された。祐樹は表現するなかで自由になり、解放され、それを自分のものにし、独自の世界を広げていった。祐樹は自分自身で自立する精神と生き方を獲得していった。あれだけたくさん描いた蟹なのに、最後に飛躍的なすばらしい世界を創った祐樹の底知れぬ力に私は震え、限りない人間の可能性を見たような気がした。水上勉は「黒一色なのに濃淡がみごとに描け、たくさんのカニなのに同じカニが一匹もいない」と『いのちの絵本』（童心社）に書いている。また司修は「その人の才能を生かすのは、信頼できる一人の理解者、あるいは友だちだ。石井先生に会っていると薗田君への思いの熱さが伝わってくる」と『埴輪になったぼく』に書いている。

【参考図書】

詩集『どきん』谷川俊太郎／作、和田誠／絵、理論社
詩集『しかられた神様』川崎洋、理論社
詩集『てつがくのライオン』工藤直子、理論社
詩集『のはらうた』工藤直子、童話社
『ものをかく』上野省策、ポプラ社
『スーホーの白い馬』さくまゆみこ／再話、梶山俊夫／絵、小学館
『スーホーの白い馬』大塚勇三／再話、赤羽末吉、理論社
『おおきなかぶ』内田莉莎子／再話、佐藤忠良／画、福音館書店
『やまなし』宮澤賢治／作、遠山繁年／絵、偕成社
『あんぱるぬゆんた』代田昇／再話、宮良貴子／絵、銀河社

【初出一覧】

『子どもと美術』美術教育をすすめる会
『群馬の教育』群馬民間教育団体連絡協議会
『群馬評論』群馬評論社

子どもたちの作品は1989年、東京都美術館で行われた東京展で障害とは関係なく作品としてすぐれているということで特別企画に展示、1997年大川美術館の「プリミティブって何？」という企画展で、ピカソ、ミロ、アフリカの彫刻、熊谷守一など日本の現代作家の作品と一緒に展示された。また、大川美術館には子どもの作品262点が収蔵されている。

あとがき

私は二〇〇二年三月、桐生市立養護学校を定年退職しました。

一九六五年三月、群馬大学学芸学部で美術を専攻し、小学校二年、中学校四年、知的障害児養護学校十七年、肢体不自由児養護学校九年、中学校障害児学級三年、その間、高校定時制非常勤講師を十五年間、非常勤を除き全て担任として教壇に立ってきました。障害を持つ子どもたちと三十二年間、共に過ごしてきたことになります。

私はその中で教育の仕事はどんなに障害が重くとも、基本的には健常者と同じだと考えてきました。

美術の授業を中心に据えて、子どもの事実から学び、子どもが生きがいのある方向を見つけられるよう、そして少しでも障害とともに生きる力が育てられればと考えてきました。生きる力はその子その子の生活全体の中から生まれます。

子どもたちは質の高い作品を作るなかで自立していきました。質の高い作品とは、点、線、面がおりなす空間と色彩相互の関係が生き生きとしていて、豊かな「その子らしい作品」のことです。そういう作品を作るには、教えるということより、彼らの生活の中から湧き出てくる内面の変化を、画面の上で向き合わせ、そして一人ひとりの子どもから引き出すことであると思います。私はそのことにこだわりました。

このような作品には、その人しかもっていないドラマがあります。ドラマはどの子も必ず持っています。それは何でも一生懸命作ればよいという類の考え方や、概念的で形式的な発達段階を否定したところから生まれるものであり、自由で開放的な教育から生まれるものです。

子どもたちは、描くことで生活が生き生きとしていきました。彼らは描き出すと、私の予想をはるかに超え、どんどん描いていきました。私は、描くことの喜びや葛藤の中から生まれてくる作品に圧倒され、彼らの生き方に感動し共感し励まされました。今改めて作品を見ていると子どもたちは表現することをとおして、精神が解放され、自立し、行動の自由と結びつき、人と人との関係が作られていきました。これらの作品は、人はなぜ表現するのか、生きることの意味を私たちに突きつけているように思います。

何よりも彼らの作品は本気で誠実に描く中から生まれたものです。

私はどれほど多くのことを子どもたちから学んだか知れません。子どもがよく見えなかったり、どうしてよいかわからなかったりしたこともありました。自分の無力さを感じて教師を辞めようと思ったこともありましたが、私を理論や実践の上で、人間として導いてくださった方々や、職場の仲間に支えられて乗り切ることができました。

養護学校は複数の教師と介助の人を含めて授業をしています。最後に勤めた中学校の障害児学級も、学校、学部全体で指導していました。従って、この実践は、当然私一人の力ではなく、保護者、地域の人々を含めて総合的な力であったことをまず明記しておきます。

○

私は教師になって六年目に桐生養護学校に転任しました。希望ではなかったので、気が進まないものでした。知的障害児の養護学校については何の知識もありませんでした。

桐生養護学校は、中学部だけの学校でした。当時は作業学習が中心で、あとは生活単元学習（生活する力を育てる総合学習）でした。社会に適応する子どもをつくるという考え方でした。

赴任した年の三年生のK君は、横浜の造船所へ就職が決まっていました。大変聡明な子どもでした。三学期の美術の授業の時、小学校四年生くらいの漢字が読めないので、「このくらいの文字がどうして読めないんだ」と聞くと、「おれたちは働く力をつけるのが目的だ。だから文字なんか読めなくともよい」とのことでした。「もっと読めるようにしたいなら、そのように教えればよかったんだ」と、強い口調で抗議されました。K君の言葉は私の心に重くのしかかりました。当時の養護学校はこのように能力的にも高い子どもも在学していました。

私は障害の重い子どもに何をどう教えたらよいのか悩んでいました。

そのような時、同僚に勧められて、放談会（障害児教育を語る会）や群馬民間教育研究協議会、群馬造形サークル、全国障害者問題研究会などに参加するようになりました。放談会というのは、障害を持つ子どもや学級などの話を自由に語る会でした。そこでの田村勝治先生と坂爪セキ先生との出会いは、決定的なものでした。その後の私の教育に対する考え方に大きな影響を受けました。また、子どもを見る上での大きな指針となりました。

そして七年目、鈴木浩司君に出会いました。この出会いによって、私は今まで「教えてやる」ということから、「子どもの中から発見する」ということ、そして教師と子どもだけでなく子ども同士で学び合うということ、子どもの心を揺り動かす、すぐれた教材で子どもは育つということを肌で学ぶことができました。この浩司との三年間の経験は、私の教育の原点というか、骨格となりました。

浩司との出会いにより、希望を持って「待つ」ということも学びました。本文にもあるように浩司がまさきの葉を取り、川に流す行為について、「あれは自閉症児特有のものだよ」と言われました。しかしその時私はどうしてもそう思えませんでした。障害という視点から見ると障害に見えますが、障害を持っていてもいなくとも全く関係ない、私は理論の上ではなく、自分の目で見て感じることの重要さを強烈に学びました。いま振り返ってみると、私はただ夢中になってその時その時を子どもと過ごしてきただけだという思いでいっぱいです。

○

上野省策先生、稲垣忠彦先生、佐藤一郎先生、そして鈴木五郎先生、上野浩道先生をはじめ、たくさんの方々に多くのことを教えていただきました。

鈴木五郎先生には、この本の刊行にあたり最初から最後まで貴重な助言をいただいたうえに、身に余る序文をいただきましたことを心より感謝申し上げます。

本書は、私が養護学校生活、三十二年間に書き綴った実践記録や報告を整理してまとめたものです。この編集の全てを一莖書房の斎藤草子さん、そして鈴木寿子さんにしていただきましたことを御礼いたします。

二〇〇五年二月一五日

石井　克

石井　克（いしい・かつ）
1941年生まれ。群馬大学学芸学部美術科卒業。
群馬県桐生市立、小、中、養護学校勤務。
群馬県立桐生女子高等学校、群馬県立桐生工業高等学校定時制、
ともに非常勤講師。
全国障害者問題研究会会員、群馬造形サークル会員、
自由美術協会会員。
〈著書〉
『生きること描くこと』（国土社）
『埴輪になったぼく』（煥乎堂）

表現と自立　描くなかで育つ子どもたち

2005年3月30日　初版第一刷発行

著　者　石井　克
発行者　斎藤草子
発行所　一莖書房

〒173-0001　東京都板橋区本町 37-1
電話 03-3962-1354
FAX 03-3962-4310

装丁・組版／三谷良子　印刷／平河工業社　製本／新里製本
ISBN4-87074-136-9 C3037